KB262568

韩国语

实用会话手册

韩国语 实用 会话手册

초판 2쇄 인쇄 2005년 1월 5일 / 초판 2쇄 발행 2005년 1월 10일
편저 김태성 / 발행인 서덕일 / 발행처 도서출판 문예림
출판등록 1962년 7월 12일 제 2-110호
주소 : 서울 광진구 군자동 195-21호 문예B/D 201호
전화 : 02-499-1281~2 / 팩스 : 02-499-1283
http://www.bookmoon.co.kr / E-mail : my1281@lycos.co.kr

· 잘못된 책은 구입하신 서점에서 교환하여 드립니다.

ISBN 89-7482-272-5 (13710)

序

  自1992年韩中两国建交以来，两国人民在包括经济、政治、文化、学术等各个领域展开全方位的交流，学习对方语言文字的客观要求也随之日益增加。两国主流社会涌现出"韩流"、"汉流"热潮，成为世人瞩目的热点，正是此一例证。

  这本小册子的诞生，实可谓得力于最近两国之间的关系发展。是一本为了满足中国广大人民学习韩语、了解韩国的需求，兼顾今年来韩参观世界杯足球赛的中国球迷们的实际需要而编写的教材。

  本书内容既简明又实用，包罗从日常口语到有关韩国的各种信息，想必可以为没有到过韩国或没有学习韩语经验的中国人士起到指引作用。尤其值得一提的是，本书彻底使用人人皆晓的汉语拼音来标音，以图自学上的方便。惟希望本书能与读者亲近，成为齐步踏上"韩国之路"的伴侣。

2002年5月

金 泰 成

目次

目次

本书的结构和标音特点

1. 本书的结构

本书由〈韩语发音〉、〈日常会话〉、〈附录〉 三个单元构成。

一、韩语发音

介绍韩文19个辅音和21个元音共40个字母，并对韩语比较发达的收音现象稍做说明。

二、日常会话

从问候语到各种情景会话、精选最常用的口语会话，并用汉语拼音和韩文字母。

三、附录

介绍韩国语言、地理、气候、节日、交通、旅游等，资料内容多自网上采取，书尾也附上主要实用网站，以供读者参考。

2. 本书标音上的特点

本书的教学对象不是韩语专业者，而是未曾接触过韩国和韩语的一般初学者。因此本书尽量不作复杂而详细的发音说明，且用*汉语拼音字母*来标韩音，以便自学。这一点可看做是本书最大的特色。

但是韩中语言结构有异，例如韩语里极为发达的辅音收音现象，在现代汉语(普通话)里却很少见；又如韩语舌根辅音(等于是汉语 b- d- g-)能与-i元音答配等。为了克服这些标音上的问题，本书不得不破例使用变形的汉语拼音类型，特一一注明于下，谨望读者反复对比，熟练掌握。

一、元音独用变例

① ê 独用变例

gê[k] nê[n] hê[h] bê[p]

② ü 独用变例

du[dü]

③ i 独用变例

gi[ki] ki[k'i] hi[hi]

二、元音复用变例

① i-o 复用变例

gi-o[kjo] pi-o[p'jo] ni-o[njo] li-o[ljo] ji-o[jo]

② i-u 复用变例

hi-u[hju] yi-u[ju] gi-u[gju]

③ i-ê 复用变例

gi-ê [gje]

④ i-e 复用变例

yi-e[j]

⑤ o-e 复用变例

bo-e[b]

⑥ u-ê 复用变例

hu-ê [hwe]

⑦ e-i

e-i[ii]

三、辅音收尾变例

① ê-ng 独用变例

hê-ng[h ŋ] sê-ng[s ŋ]

② u-ng

pu-ng[puŋ] zu-ng[tsuŋ]

③ i-n 独用变例

ki-n[k'in] ri-n[rin]

④ a-m

la-m[lam] na-m[nam]

⑤ e-m

ze-m[ts m]

⑥ ou-m

zou-m[tsom]

⑦ ê-p

mê-p[m p]

⑧ ou-p

hou-p[hop] gou-p[kop]

⑨ u-k

gu-k[kuk]

⑩ uo-k

nuo-k[nok]

⑪ ou-k

sou-k[sok]

四、元音复用加辅音收音变例

① i-eng 复用变例

ni-eng[nj ŋ] hi-eng[hj ŋ] yi-eng[j ŋ] gi-eng[kj ŋ]

② i-en

pi-en[p'j n]

③ u-en

gu-en[kw n]

④ i-uk

yi-uk[juk]

⑤ i-ek

yi-ek[j k]

⑥ i-op

xi-op[,jop]

⑦ i-ep

yi-ep[j p] qi-ep[ts' p] si-ep[sip]

⑧ i-ur

    gi-ur[gjul]

⑨ i-er

    yi-er[j l]

说明

※ 除了元音独用变例以外，其他变例皆用 '–' 符号，一来表示这是不可分的一个音节，二来表示这是汉语普通话所没有的变例。发音时，须特别注意不要把音拉长，'–' 前后的两个音素几乎同时发声。

※ 虽有 '-er' 收音，但前面的音节符合汉语普通话音节结构形态的，则为音节辨别上的方便，一律省略 '-e' 不用，例如：wor[u l] der[d l]。读者发音时，请联想汉语儿化音节。

一.
韩语发音说明

韩语发音说明

1. 韩文字母

① 基本辅音

ㄱ：其音值与汉语拼音的 'g' 相似，但力度要小一点。

ㄴ：其音值与汉语拼音的 'n' 相同。

ㄷ：其音值与汉语拼音的 'd' 相似，但力度要小一点。

ㄹ：其音值与汉语拼音的 'l' 或 'r' 相似，但不可卷舌。的
固定性又不大，位于词首时变读为 'n' 或 'o'。

ㅁ：其音值与汉语拼音的 'm' 相同。

ㅂ：其音值与汉语拼音的 'b' 相似，但力度稍轻一点。

ㅅ：其音值与汉语拼音的 's' 或 'x(位于-i-元音前时)'，
'sh' 相似，但不可卷舌。

ㅇ：其音值与汉语拼音的 '零声母' 相似，位于词首时完
全不出声，只是起到装饰作用；位于词尾时的音值
与汉语拼音的 '-ng' 相同。

ㅈ：其音值与汉语拼音的 'z' 或 'j(位于-i-元音前时)'，
'zh' 相似，但不可卷舌。

ㅊ：其音值与汉语拼音的 'c' 或 'q(位于-i-元音前时)'，
'ch' 相似，但不可卷舌。

ㅋ：其音值与汉语拼音的 'k' 相同。

ㅌ：其音值与汉语拼音的'ｔ'相同。

ㅍ：其音值与汉语拼音的'ｐ'相同。

ㅎ：其音值与汉语拼音的'ｈ'相似，但发音时尽使声带
　　不紧张，使气流从声门轻轻而出。

② 紧辅音

ㄲ：与辅音'ㄱ'时基本相同，只是力度上要大一点，即
　　紧闭着声门而出声。

ㄸ：与辅音'ㄷ'时基本相同，只是力度上要大一点。

ㅃ：与辅音'ㅂ'时基本相同，只是力度上要大一点。

ㅆ：与辅音'ㅅ'时基本相同，只是力度上要大一点。

ㅉ：与辅音'ㅈ'时基本相同，只是力度上要大一点。

③ 基本元音

ㅏ：其音值相当于汉语拼音的'ａ(啊)'。

ㅑ：其音值相当于汉语拼音的'ｉａ(呀)'。

ㅓ：其音值相当于汉语拼音的'ｅ(婀)'。

ㅕ：汉语无此类音。先发韩语'ㅣ'，然后迅速滑到'ㅓ'。
　　本书则用'ｉ-ｅ'来标之。

ㅗ：其音值相当于汉语拼音的'ｏ(哟)'。

ㅛ：其音值相当于汉语拼音的'ｉｏ(哟)'。

ㅜ：其音值相当于汉语拼音的'ｕｏ(乌)'。

ㅠ：汉语无此类音。先发韩语'ㅣ'，然后迅速滑到'ㅜ'。
　　本书则用'ｉｕ'来代替之。

ㅡ：其音值相当于汉语拼音'zi(资)'，'ci(疵)'，
'si(丝)'的'i'，但不可抬高舌尖。本书则用'ə'来
标之。

ㅣ：其音值相当于汉语拼音的'i(衣)'。

④ 复合元音

ㅐ：其音值相当于汉语拼音'ian(烟)'的'a'。本书则用
'ê'来标之。

ㅒ：其音值相当于汉语拼音'ian(烟)'的'ia'。本书则
用'ie'来标之。

ㅔ：其音值相当于汉语拼音'ie(耶)'的'e'。本书则用
'ê'来标之。

ㅖ：其音值相当于汉语拼音'ie(耶)'的'ie'。本书则用
'ie'来标之。

ㅘ：其音值相当于汉语拼音'ua(哇)'。

ㅚ：汉语无此类音。先发韩语'ㅗ'，然后迅速滑到
'ㅐ'。本书则用'u-ê'来标之。

ㅙ：汉语无此类音。现代韩语里，其音值多与'ㅚ'相
近。本书则用'u-ê'来标之。

ㅝ：其音值相当于汉语拼音'uo(蜗)'。

ㅞ：其音值相当于汉语拼音'üe(约)'。

ㅟ：其音值相当于汉语拼音'ü(迂)'。

ㅢ：汉语无此类音。先发韩语'ㅡ'，然后迅速滑到
'ㅣ'，即可发出此音。

2. 收音

① 单收音

　－ㄱ：其音值相当于英语的'-k'。这还包括-ㄲ，－ㅋ两
　　　　个收音。

　－ㄴ：其音值相当于汉语的'-n'。

　－ㄷ：其音值相当于英语的'-t'。这还包括-ㅌ，－ㅅ，－
　　　　ㅆ，－ㅈ，－ㅊ，－ㅎ等收音。

　－ㄹ：其音值相当于英语的'-l'。

　－ㅁ：其音值相当于英语的'-m'。

　－ㅂ：其音值相当于英语的'-p'。这还包括-ㅍ收音。

　－ㅇ：其音值相当于汉语的'-ng'。

② 复合收音

　－ㄳ，－ㄺ：其音值相当于韩语的 '－ㄱ' 收音。

　－ㅄ，－ㄿ：其音值相当于韩语的 '－ㅂ' 收音。

　－ㄵ，－ㄶ：其音值相当于韩语的 '－ㄴ' 收音。

　－ㄻ：其音值相当于韩语的 '－ㅁ' 收音。

　－ㄼ，－ㄽ，－ㄾ，－ㅀ：其音值相当于韩语的'－ㄹ'收音。

韩国语 实用会话手册

二.
日常会话

1. 问候语

你好／您好!	안녕하세요! Anni-eng hasêyo!
再见!	안녕! Anni-eng!
慢走!	안녕히 가세요. Anni-enghi gasêyo.
认识您很高兴。	만나서 반가워요. Mannase banggawoyo.
拜托。	부탁합니다. Buta-k ha-mnida.

2. 自我介绍

○ 我是**教授**。   저는 **교수입니다.**
Zenen gi-osu yi-mnida.

大学生   대학생
dêha-ksêng

医生   의사
e-isa

记者   기자
giza

律师   변호사
bi-enhousa

警察   경찰
gi-engcar

○ 我是**北京人**。   저는 **북경 사람**입니다.
Zenen Bu-kgi-eng sala-m yi-mnida.

上海人   상해 사람
Sanghê sala-m

香港人   홍콩 사람
Hongkong sala-m

广州人   광주 사람
Guangzu sala-m

台湾人   대만 사람
Dêman sala-m

天津人　천진 사람
Cenjin sala-m

山东人　산동 사람
Sandong sala-m

你叫什么名字？　이름이 무엇입니까?
Yilemi muexi-mniga?

我叫〇〇。　제 이름은 〇〇입니다.
Jie yilemen 〇〇 yi-mnida.

3.　称谓

这位是谁？　이 분은 누구시죠?
Yi bunen nuguxiji-o?

这位是我**爷爷**。　이 분은 제 **할아버지**예요.
Yi bunen zê halabojiyeyo.

奶奶　할머니
harmeni

爸爸　아버지
aboji

妈妈　어머니
emoni

叔叔	삼촌 sa-mcun
舅舅	외삼촌 wu-êsa-mcun
爱人	아내(妻子)/남편(丈夫) anê/ na-mpi-en
哥哥	형(男的)/오빠(女的) hi-eng / oba
弟弟	남동생 na-mdongsêng
妹妹	여동생 yi-edongsêng
儿子	아들 ader
女儿	딸 dar
朋友	친구 qingu
男(女)朋友	남자(여자) 친구 na-mza(yi-eza) qingu
同事	직장 동료 ji-kzang dongni-o

4. 代词

我　　나/저(谦称)
na / ze

我们　　우리들/저희들(谦称)
wulider / zehider

你　　너/당신(敬称)
ne / dangxin

我们　　너희들/당신들(敬称)
nehider / dangxinder

他　　그/그 분(敬称)
ge / gebu-n

他们　　그들/그 분들(敬称)
geder / gebu-nder

这/这个　　이/이 것
yi / yige-t

那/那个　　저/저 것
ze / zege-t

5. 肯定/否定

- 是。 네/예
  Nie / Ye.

- 不是。 아니오.
  A'niyo.

- 好。 좋아요.
  Zouayo.

- 不好。 안 좋아요.
  An zouayo.

- 有。 있어요.
  Yiseyo.

- 没有。 없어요.
  E-pseyo.

- 对。 맞아요.
  Mazayo.

- 不对。 틀려요.
  Terli-eyo.

- 可以。 되요.
  Du-êyo.

- 不可以。
  안 되요.
  An du-êyo.

6. 提问语

- 在哪里？
  어디에 있나요?
  Edie yinnayo?

- 什么时候？
  언제입니까?
  Enjie yi-mniga?

- 什么？
  뭐라구요?
  Molaguyo?

- 这是什么？
  이건 뭐예요?
  Yigen moyeyo?

- 那是谁？
  저 사람은 누구예요?
  Ze salamen nuguyeyo?

- 对吗？
  맞습니까?
  Mase-mniga?

- 为什么？
  왜죠?
  U-êji-o?

- 哪一个？
  어느 것이죠?
  Ene gexiji-o?

◦ 这叫什么？　　　　　이건 뭐라고 합니까?
Yigen molagu ha-mniga?

◦ 那叫什么？　　　　　저건 뭐라고 합니까?
Zegen molagu ha-mniga?

◦ 这个用韩语叫什么？
이건 한국어로 뭐라고 하나요?
Yigen Hangugelou molagu ha-mniga?

◦ 这是什么意思？　　　이건 무슨 뜻이에요?
Yigen musen dexiyeyo?

◦ '서점(书店)'是什么意思？
Sezemi musen dexiyeyo?
'서점'이 무슨 뜻이에요?

7. 道歉和道谢

◦ 对不起。　　　　　　미안합니다.
Mi'an ha-mnida.

◦ 很抱歉。　　　　　　죄송합니다.
Juesong ha-mnida.

◦ 请原谅。　　　　　　미안합니다.
Mi'an ha-mnida.

- 实在对不起。　　정말 미안합니다.
  Zengmar mi'an ha-mnida.

- 没关系。　　괜찮아요.
  Gu-êncanayo.

- 哪里，哪里。　　천만에요.
  Cenmanêyo.

- 谢谢（您）。　　감사합니다.
  Ga-msa ha-mnida.

- 太谢谢了。　　정말 감사합니다.
  Zengmar ga-msa ha-mnida.

- 谢谢您的帮助。　　도와 주어서 감사합니다.
  Douwa zuese ga-msa ha-mnida .

- 太麻烦你了。　　실례했습니다.
  Xilie hêse-mnida.

8. 数字

- 1　　일/하나(한)
  yir / hana (han)

- 2　　이/둘(두)
  yi / dur (du)

- 3   삼/셋(세)
  sa-m / sê-t (sê)

- 4   사/넷(네)
  sa / nê-t (nê)

- 5   오/다섯
  o / dase-t

- 6   육/여섯
  yi-uk / yi-ese-t

- 7   칠/일곱
  qir / yirgou-p

- 8   팔/여덟
  par / yi-eder

- 9   구/아홉
  gu / ahou-p

- 10   십/열
  xi-p / yi-er

- 100   백/백
  bê-k / bê-k

- 1000   천/천
  cen / cen

- 10000   만/만
  man / man

- 105   백 오
  bê-k o

150	백 오십 bê-k oxi-p
1007	천 칠 cen qir
1070	천 칠십 cen qirxi-p
1700	천 칠백 cen qirbê-k
1003	만 삼 man sa-m
10030	만 삼십 man sa-mxi-p
10300	만 삼백 man sa-mbê-k

9. 数量词

个（算事物）	개 gê
一个杯子	컵 한 개 ke-p han gê
十个苹果	사과 열 개 sagua yi-er gê

○ 个(算人数)　　명
mi-eng

六个人　　여섯 명
yi-ese-t mi-eng

九个人　　아홉 명
ahou-p mi-eng

○ 瓶　　병
bi-eng

三瓶烧酒　　소주 세 병
souzu sê bi-eng

四瓶啤酒　　맥주 네 병
mê-kzu nê bi-eng

○ 本　　권
gu-en

五本词典　　사전 다섯 권
sazen dase-t gu-en

两本地图册　　지도책 두 권
jidoucêk du gu-en

○ 张　　장
zang

七张门票　　입장표 일곱 장
yi-pzangpi-o yirgou-p zang

一张地图　　지도 한 장
jidou han zang

- 杯 잔
  zan

  三杯可乐 콜라 세 잔
  koula sê zan

  八杯绿茶 녹차 여덟 잔
  nuo-kca yi-eder zan

- 份 인분
  yin bu-n

  五份烤肉 불고기 오 인분
  burgougi o yinbu-n

  两份烤猪排 돼지갈비 이 인분
  du-êjigarbi yi yinbu-n

10. 国家和语言

- 你是哪国人？ 어느 나라 사람이에요?
  Ene nala salam yiyeyo?

  我是**中国人**。 **중국 사람**이예요.
  Zu-nggu-k salam yiyeyo?

  韩国人 한국 사람
  Han'gu-k salam

  日本人 일본 사람
  Yirben salam

美国人　　　　　　　미국 사람
　　　　　　　　　　Migu-k salam

○ 你会说汉语吗？　　중국어 할 수 있어요?
　　　　　　　　　　Zu-ngguge harsu yiseyo?

韩语　　　　　　　　한국어
　　　　　　　　　　Han'guge

英语　　　　　　　　영어
　　　　　　　　　　Yi-eng'e

○ 不会。　　　　　　못 합니다.
　　　　　　　　　　Mota-mnida.

○ 会。　　　　　　　합니다.
　　　　　　　　　　Ha-mnida.

○ 会一点儿。　　　　조금 합니다.
　　　　　　　　　　Zouge-m ha-mnida.

○ 有没有会说汉语的？
　　　　　　　중국어 할 수 있는 사람 있어요?
　　　　　　　Zu-ngguge harsu yinnen sala-m yiseyo?

○ 听不懂。　　　　　못 알아 들어요.
　　　　　　　　　　Modala deleyo.

○ 请你再说一遍。　　다시 말해 주세요.
　　　　　　　　　　Daxi marhê zusêyo.

● 请你在纸上写下来。　종이에 써 주세요.
Zongyiye se zusêyo.

11. 年龄

● 你今年多大了？　나이가 몇 살이예요?
Nayiga mi-esar yiyeyo?

二十岁了。　**스무 살입니다.**
Simu sar yi-mnida.

二十一岁　스물 한 살
simur hansar

二十二岁　스물 두 살
simur dusar

二十三岁　스물 세 살
simur sêsar

二十四岁　스물 네 살
simur nêsar

二十五岁　스물 다섯 살
simur dasesar

二十六岁　스물 여섯 살
simur yi-esesar

二十七岁　스물 일곱 살
simur yirgou-psar

二十八岁　　　스물 여덟 살
simur yi-edersar

二十九岁　　　스물 아홉 살
simur ahou-psar

三十岁　　　서른 살
seri-nsar

四十岁　　　마흔 살
mahensar

五十岁　　　쉰 살
xunsar

六十岁　　　예순 살
yesunsar

○ 您的孩子几岁了？　당신 아이는 몇 살이예요?
Dangxin ayinen mi-esar yiyeyo?

五岁了。　**다섯** 살이예요.
Dase-tsar yiyeyo.

七岁　　　일곱 살
yirgou-psar

十二岁　　　열 두 살
yi-erdusar

12. 紧急用语

我丢了**钱包**。

지갑을 잃어 버렸어요.
Jigabur yile boli-eseyo.

旅行包

여행 가방
yi-ehêng gabang

护照

여권
yi-egu-en

照相机

카메라
kamêla

有小偷儿!

도둑이야!
Doudugiya!

快叫警察!

빨리 경찰을 불러 주세요!
Barli gi-engcaler burle zusêyo!

快，快点儿!

빨리, 빨리요!
Barli, barliyo!

请帮帮忙!

도와 주세요!
Douwa zusêyo!

- 马上打电话叫救护车。

  빨리 구급차를 불러 주세요.
  Barli guge-pcaler burle zusêyo.

- 我肚子疼得厉害。　배가 너무 아파요.
  Bêga nemu apayo.

- 找医生!　의사를 불러 주세요!
  E-isaler burle zusêyo.

- 救火!　불이 났어요!
  Buli naseyo!

- 危险!　위험해요!
  Yuhe-m hêyo!

- 当心!　조심해요!
  Zouxim hêyo!

13. 价格

- 一十圆　십 원
  xibu-en

  五十圆　오 십 원
  oxibu-en

  一百圆　백 원
  bêgu-en

五百圆	오 백 원 obêgu-en
一千圆	천 원 ce'nu-en
五千圆	오 천 원 oce'nu-en
一万圆	만 원 ma'nu-en
十万圆	십 만 원 xi-mma'nu-en
一百万圆	백 만원 bê-ngma'nu-en

● 多少钱？　얼마예요?
Ermayeyo?

● 五千圆。　오천 원입니다.
Ocenu-en yi-mnida.

● 一共多少钱？　모두 얼마예요?
Modu ermayeyo?

● 一共一万三千八百圆。
모두 만 삼천 팔 백 원입니다.
Modu man sa-mcen parbêgu-en yi-mnida.

● 这个多少钱？　이건 얼마예요?
Yigen ermayeyo?

38

四千七百圆。　　사천 칠 백 원입니다.
Sacen qirbêgu-en yi-mnida.

小黄瓜怎么卖？　오이는 얼마예요?
Oyinen ermayeyo?

一千两百圆三个。　세 개에 천 이 백 원입니다.
Sêgêye cen yibêgu-en yi-mmida.

二。 **入出境手续**

○ 请看一下你的护照和签证。

　　여권과 비자를 보여 주세요.
　　Yi-egu-en gua bizaler boyi-e zusêyo.

○ 请看。

여기 있습니다.
Yi-egi yise-mnida.

○ 这是我的护照。

제 여권입니다.
Jie yi-egu-en yi-mnida.

○ 你在这儿逗留多少天？

얼마나 있을 거죠?
Ermana yiser geji-o?

○ 我将逗留一个星期。 **일주일** 있을 거예요.
Yirzuyir yiser geyeyo.

三天 삼 일
samir

两个星期 이 주
yizu

半个月 보름
bole-m

一个月　　　　　　　한 달
　　　　　　　　　　handar

◎ 我还不知道。　　　아직 모릅니다.
　　　　　　　　　　Aji-k mole-mnida.

◎ 请问，您来访的目的是什么？
　　　　　　　　　　입국 목적이 뭐죠?
　　　　　　　　　　Yi-pgu-k mo-kzegi moji-o?

◎ 我来旅游。　　　　관광입니다.
　　　　　　　　　　Guanguang yi-mnida.

　　出差　　　　　　출장
　　　　　　　　　　curzang

　　留学　　　　　　유학
　　　　　　　　　　yi-uha-k

　　探亲　　　　　　친척 방문
　　　　　　　　　　qince-k bangmu-n

◎ 请出示行李申报单。
　　　　　　　　　　휴대품 신고서를 보여주십시오.
　　　　　　　　　　Hi-udêpu-m xinguoseler boyi-e zuxi-pxiyo.

　　登机牌　　　　　탑승 카드
　　　　　　　　　　ta-pseng kade

◎ 好，　请看。　　　네, 여기 있습니다.
　　　　　　　　　　Nie, yi-egi yise-mnida.

我没有什么要申报。 신고할 것이 없습니다.
Xinguohar gexi e-pse-mnida.

请打开您的箱子。 가방을 열어 주십시오.
Gabang'er yi-ele zuxi-pxiyo.

打开了，请检验。 열었습니다. 보세요.
Yi-elese-mnida. bosêyo.

包里是什么东西？
가방에 어떤 물건이 있습니까?
Gabang'ê eden murgeni yise-mniga?

是随身衣物。 개인 휴대품입니다.
Gêyin hi-udêpu-m yi-mnida.

有送朋友的礼物。
친구에게 줄 선물이 있습니다.
Qinguêgê zur senmuli yise-mnida.

这是我个人用的。 제가 사용할 물건입니다.
Jiega sayonghar murgen yi-mnida.

这个我应该交税吗？ 세금을 내야 하나요?
Sêgemer nêya hanayo?

要交税。 세금을 내야 합니다.
Sêgemer nêya ha-mnida.

◉ 好的。我交税。

알겠습니다. 세금을 내겠습니다.
Argese-mnida. sêgemer nêgêse-mnida.

【关联词语】

行李	짐 ji-m
小推车	카트 kate
机场费	공항 이용료 gonghang yiyongli-o
候机室	대합실 dêha-pxir
登机口	탑승구 ta-psenggu
机票	비행기표 bihênggipi-o
箱子	트렁크 telengke
免税物品	면세품 mi-ensêpu-m

请问，厕所在哪儿？　화장실이 어디에 있습니까?
Huajiangxili edie yise-mniga?

派出所　파출소
pacursou

楼梯　엘리베이터
êlibeite

药房　약국
ya-kgu-k

小卖店　편의점
pi-enyize-m

在左边儿。　왼쪽에 있어요.
Wu-ênzougê yiseyo.

右边儿　오른쪽에
ori-nzougê

前边儿　앞 쪽에
a-pzougê

后边儿　뒤 쪽에
düzougê

里边儿　안 쪽에
anzougê

外边儿	바깥 쪽에
	bagazougê
对面儿	맞은편/건너편
	mazenpi-en / gennepi-en

● 这附近有没有**银行**？ 이 근처에 **은행**이 있나요?
Yi genceye enhêngyi yinnayo?

邮局	우체국
	wuqiegu-k
餐厅	음식점
	e-mxi-kze-m
酒吧	술집
	surji-p
网吧	pc방
	pixibang
书店	서점
	seze-m

● 请问，**63大厦**怎么走？

63**빌딩**은 어떻게 갑니까?
Yu-ksa-m birding'en edekê ga-mniga?

光化门	광화문
	Guanghuamu-n
仁寺洞	인사동
	Yinsadong
明洞	명동
	Mi-engdong

南大门市场　　　　　남대문시장
Na-mdêmu-n xizang

离这儿远不远？　　여기서 멉니까?
Yi-egise me-mniga?

远。　　　　　　　멀어요.
Moleyo.

不远。　　　　　　멀지 않아요.
Morji a'nayo.

不太远。　　　　　그리 멀지 않아요.
Geli morji a'nayo.

很近。　　　　　　가까워요.
Ga-kgawoyo.

走路需要多长时间？　걸어서 얼마나 걸리나요?
Gelese ermana gerlinayo?

需要大概二十分钟。　20분 정도 걸려요.
Yixi-pbu-n zengdou gerli-oyo.

一直往前走。　　　　앞으로 계속 가세요.
Apolou gêsou-k gasêyo.

请到那边去。　　　　저쪽으로 가세요.
Zezougelou gasêyo.

◎ 到十字路口往左拐。

　　　　　　사거리에서 왼쪽으로 도세요.
　　　　　　Sageli'êse wu-ênzougelou dousêyo.

◎ 请过马路。　　　　　길을 건너세요.
　　　　　　　　　　　Giler gennesêyo.

◎ 你走错了。　　　　　잘못 오셨습니다.
　　　　　　　　　　　Zarmo-t oxi-ese-mnida.

○ 现在几点了？

지금 몇 시예요?
Jige-m mi-exiyeyo?

一点。

한 시입니다.
Hanxi yi-mnida.

两点

두 시
duxi

三点

세 시
sêxi

四点

네 시
nêxi

五点

다섯 시
dasexi

六点

여섯 시
yi-esexi

七点

일곱 시
yirgou-pxi

八点

여덟 시
yi-ederxi

九点

아홉 시
ahou-pxi

十点	열 시 yi-erxi
十一点	열 한 시 yi-erhanxi
十二点	열 두 시 yi-erduxi
◎ 九点三**十分**。	아홉시 **반** Ahou-pxi ban
十五分	십 오분 xi-p obu-n
二十分	이 십 분 yixi-p bun
三十分(半)	삼 십 분/반 sa-mxi-p bu-n/ban
四十分	사 십 분 saxi-p bu-n
四十五分	사 십 오 분 saxi-p obu-n
五十分	오 십 분 oxi-p bu-n
五十五分	오 십 오 분 oxi-p obu-n
◎ 差五分两点。	두 시 오분 전 Duxi obu-n zen

◎ 我的表快了。　　　내 시계는 빠릅니다.
Nê xigênen bari-mnida.

◎ 我的表慢了。　　　내 시계는 느립니다.
Nê xigênen neli-mnida.

◎ 请原谅，我迟到了。　늦어서 죄송합니다.
Nezese juesong ha-mnida.

◎ 几点钟开业？　　　몇 시에 문 열어요?
Mi-e xie mu-n yi-eleyo?

◎ 上午八点。　　　　오전 여덟 시
Ozen yi-ederxi

◎ 几点钟关门？　　　몇 시에 문 닫아요?
Mi-e xie mu-n dadayo?

◎ 下午五点。　　　　오후 다섯 시
Ohu dasexi

◎ 什么时候结束？　　언제 끝나요?
Enjie gennayo?

◎ 晚上九点。　　　　저녁 아홉 시
Ze ni-ek ahou-pxi

◎ 这需要多长时间？　시간이 얼마나 걸리나요?
Xigani erma'na gerlinayo?

一个钟头。	한 시간 Hanxigan.
两个钟头	두 시간 duxigan
三个钟头	세 시간 sêxigan
一个钟头左右	한 시간 정도 hanxigan zengdou.

◎ 今天星期几？　　오늘은 무슨 요일입니까?
Onele-n musen yoyir yi-mniga?

◎ 今天**星期二**。　　오늘은 **화요일**입니다.
Onele-n huayoyir yi-mnida.

星期一　　월요일
woli-oyir

星期二　　화요일
huayoyir

星期三　　수요일
suyoyir

星期四　　목요일
mogi-oyir

星期五　　금요일
gemi-oyir

星期六　　토요일
touyoyir

星期天　　일요일
yili-oyir

○ 明天几号？ 내일은 몇 일이예요?
Nêyilen mi-eqir yiyeyo?

前天 그제
gejie

昨天 어제
ejie

后天 모레
molê

○ 明天六月十五号。 내일은 유월 십 오일입니다.
Nêyilen yi-uwor xiboyir yi-mnida.

1月5号 일 월 오 일
yilu-er oyir

2月7号 이 월 칠 일
yiwor qilir

3月9号 삼 월 구 일
samu-er guyir

4月10号 사 월 십 일
sawor xibir

5月12号 오 월 십 이 일
owor xibiyir

7月14号 칠 월 십 사 일
qilu-er xi-psayir

8月18号 팔 월 십 팔 일
palu-er xipalir

9月20号	구 월 이 십 일
	guwor yixibir
10月21号	시 월 이 십 일 일
	xiwor yixi-p yilir
11月26号	십 일 월 이 십 육 일
	xibilu-er yixi-p liugir
12月30号	십 이 월 삼 십 일
	xibiwor sa-mxibir

这个星期四几号？

이번 주 목요일이 몇 일이예요?
Yibenzu mogi-oyili mi-eqir yiyeyo?

上个星期	지난 주
	jinanzu
上上个星期	지지난 주
	jijinanzu
下个星期	다음 주
	dae-mzu
下下个星期	다다음 주
	dadae-mzu

2002年6月12号　　　이 천 이 년 유월 십이일
yicen yini-en yi-uer xibiyir

这需要多长时间？　시간이 얼마나 걸리나요?
Xiga'ni erma'na gerli'nayo?

需要一天。　　　　　**하루** 걸립니다.
Halu gerli-mnida.

两天　　　　　　　　이틀(이 일)
yiter(yiyir)

三天　　　　　　　　사흘(삼 일)
saher(samir)

一个星期　　　　　　일주일
yirzuyir

两个星期　　　　　　이주일
yizuyir

半个月　　　　　　　보름
bori-m

一个月　　　　　　　한 달
handar

两个月　　　　　　　두 달
dudar

春天　　　　　　　　봄
bo-m

夏天　　　　　　　　여름
yi-eri-m

秋天　　　　　　　　가을
gaer

冬天　　　　　　　　겨울
gi-ewur

六。　天气

● 今天天气**很好**。　오늘 날씨가 **좋습니다**.
Oner narxiga zouse-mnida.

很热　덥습니다
de-pse-mnida

很冷　춥습니다
cu-pse-mnida

很凉快　시원합니다
xiwen ha-mnida

很暖和　따뜻합니다
dade-t ha-mnida

● 今天**冷极了**　오늘은 **정말 춥습니다**.
Onelen zengmar cu-pse-mnida.

太热了　너무 덥습니다
nemu de-pse-mnida

有点儿冷　좀 춥습니다
zou-m cu-pse-mnida

下雨了　비가 옵니다
biga o-mnida

下雪了　　　　　눈이 옵니다
　　　　　　　　nuni o-mnida

刮风了　　　　　바람이 붑니다
　　　　　　　　balami bu-mnida

<table>
<tr><td>七.</td><td># 旅馆</td></tr>
</table>

1. 订房

有空房间吗？   빈 방 있습니까?

有。   있습니다.

没有。   없습니다.

我要一间**单人房**。   **1인실 하나** 주세요.

一间双人房   2인실 하나

两间单人房   1인실 두 개

房间里有没有**电话**？   방에 **전화** 있나요?

卫生间   화장실

空调设施　에어콘
êeken

电冰箱　냉장고
nêngjianggou

热水　뜨거운 물
degewu-nmur

冰　얼음
eri-m

电梯在哪儿？　**엘리베이터**는 어디에 있습니까?
Êrlibeitenen edie yise-mniga?

餐厅　식당
xi-kdang

咖비厅　커피숍
kepixi-op

公用电话　공중전화
gongzu-ng zenhua

酒吧　빠
ba

卡拉OK　가라오케
gala'oke

2. 看房和房价

● 还有其他房间吗？

다른 방은 없나요?
Dari-n bang'en e-mnayo?

● 这房间太**冷**。

이 방은 너무 **추워요**.
Yi bang'en nemu cuwoyo.

热

더워요
dewoyo

小

작아요
jiagayo

暗

어두워요
eduwoyo

吵

시끄러워요
xigelewoyo

● 你们有没有**更大的**？

더 큰 방 있어요?
De ke-nbang yiseyo?

更好的

더 좋은 방
de zou'en bang

更安静的

더 조용한 방
de zouyonghan bang

更便宜的

더 싼 방
de sanbang

● 好，我就要这间。

좋아요, 이 방 주세요.
Zouayo, yi bang zusêyo.

住一天要多少钱？ 하루에 얼마예요?
haluye ermayeyo?

两万圆。 **이 만원입니다.**
yimanwen yi-mnida.

两万五千圆 이만 오천원
yiman ocenu-en

三万圆 삼 만원
sa-mmanu-en

五万圆 오 만원
omanu-en

用信用卡行吗？ 신용카드 받아요?
Xinyong kade badayo?

您住几天？ 며칠 묵을 거죠?
Mi-eqir mugergeji-o?

我住一**天**。 **하루** 묵을 거예요.
Halu muger geyeyo.

两天 이틀
yiter

五天 오 일
oyir

一个星期 일 주일
yirzuyir

3. 维修

◉ **空调**发生故障了。　에어콘 고장났어요.
　　　　　　　　　　　Êeken goujiang naseyo.

电视机　　　　　　　텔레비전
　　　　　　　　　　têrlêbiji-en

电话　　　　　　　　전화
　　　　　　　　　　zenhua

灯　　　　　　　　　등
　　　　　　　　　　deng

厕所　　　　　　　　화장실
　　　　　　　　　　huajiangxir

水龙头　　　　　　　수도꼭지
　　　　　　　　　　sudou gou-kji

窗户　　　　　　　　창문
　　　　　　　　　　cangmu-n

◉ 请给我修理一下，好吗？

　　　　　　　　　　좀 고쳐 주세요.
　　　　　　　　　　Zou-m gouqi-e zusêyo.

◉ 我是213号。　　　이백십삼 호입니다.
　　　　　　　　　　Yibê-k xi-psam ho yi-mnida.

508号　　　　　　　오백팔 호
　　　　　　　　　　- obê-kpar ho

627号 　　　　　　　육백이십칠 호
　　　　　　　　　　yi-ukbêk yixi-pqir ho

1049号 　　　　　　천사십구 호
　　　　　　　　　　censaxi-pgu ho

1012号 　　　　　　천 십이 호
　　　　　　　　　　cenxibi ho

○ 请进。 　　　　　들어오세요.
　　　　　　　　　　Dele osêyo.

4. 要求

○ 请给我**开水**，好吗？

　　　　　　뜨거운 물 좀 가져다 주세요.
　　　　　　Degewu-n mur zoum gaji-eda zusêyo.

卫生纸 　　　　　　휴지
　　　　　　　　　　hi-uji

肥皂 　　　　　　　비누
　　　　　　　　　　bınu

牙膏 　　　　　　　치약
　　　　　　　　　　qiya-k

牙刷 　　　　　　　칫솔
　　　　　　　　　　qi-tsour

浴巾　　　　　　　타올
　　　　　　　　　tawu-er

刮胡刀　　　　　　면도기
　　　　　　　　　mi-endougi

枕头（再一个）　　베개 (하나 더)
　　　　　　　　　bêgê (ha'na de)

● 早上**六点**请叫醒我。　아침 **여섯 시**에 깨워 주세요.
　　　　　　　　　　　　Aqi-m yi-esexiye gêwo zusêyo.

五点　　　　　　　다섯 시
　　　　　　　　　dasexi

七点　　　　　　　일곱 시
　　　　　　　　　yirgou-pxi

六点半　　　　　　여섯 시 반
　　　　　　　　　yi-esexi ban

● 请把行李送到我的房间里。

　　　　　　　　　짐을 방까지 옮겨 주세요.
　　　　　　　　　Jimer banggaji o-mgi-e zusêyo.

● 我想把这个寄存一下儿。

　　　　　　　　　이걸 좀 보관해 주세요.
　　　　　　　　　Yiger zou-m boguanhê zusêyo.

● 我要退房。　　　　퇴실하겠습니다.
　　　　　　　　　Tu-êxir hagese-mnida.

● 请帮我叫一下出租汽车。

택시 불러 주세요.
Tê-kxi burle zusêyo.

● 请打扫一下房间。 방 청소 해주세요.
Bang cengsou hêzusêyo.

<table><tr><td>八。</td><td># 餐厅</td></tr></table>

1. 点菜

● 我饿了。 배가 고파요.
Bêga goupayo.

● 我渴了。 목이 말라요.
Mogi marlayo.

● 你们有多少人？ 몇 분이시죠?
Mi-ebunixiji-o?

● 四个人。 네 명이에요.
Nêmi-eng yiyeyo.

我一个人 한 명
hanmi-eng

两个人 두 명
dumi-eng

三个人 세 명
sêmi-eng

五个人 다섯 명
dasenmi-eng

● 请给我看一下菜单。 메뉴판을 주세요.
Mêniupan'er zusêyo.

● 给您。 여기 있습니다.
Yi-egi yise-mnida.

● 今天我来请客。 오늘은 제가 사겠습니다.
Onele-n jiega sagêse-mnida.

● 你要点什么？ 무엇을 드시겠습니까?
Muesir dexigêse-mniga?

● 来碗**什锦拌饭**。 **비빔밥** 하나 주세요.
Bibi-mba-p ha'na zusêyo.

参鸡汤 삼계탕
sa-mgêtang

排骨汤 갈비탕
garbitang

泡菜汤 김치찌개
gi-mqi jigê

石锅拌饭 돌솥비빔밥
doursou-t bibi-mba-p

豆酱汤 된장찌개
dênjiang jigê

炒饭 볶음밥
boge-mba-p

冷面 냉면
nêngmi-en

方便面	라면 lami-en
炸酱面	자장면 zajiangmi-en
煎葱饼	파전 paji-en
什锦菜	잡채 jia-pqie
炒打糕	떡볶이 de-kbo-kgi

来三份**烤肉**。　**불고기** 삼 인분 주세요.
Burgougi saminbu-n zusêyo.

烤牛排骨	소갈비 sougarbi
五花肉	삼겹살 sa-mgi-epsar
烤猪排	돼지갈비 dêjigarbi
烤鳗鱼	장어구이 jiang'eguyi
鸡排	닭갈비 da-kgarbi
包肉菜	보쌈 bosa-m

生鱼片	생선회 sêngsenhu-ê

○ 来两瓶**烧酒**。 — **소주** 두 병 주세요.
Souzu dubi-eng zusêyo.

啤酒	맥주 mê-kzu
白干儿	고량주 gouliangzu
葡萄酒	포도주 podouzu
饮料	음료수 e-mli-osu

○ 这个菜辣不辣？ — 이 음식 매워요?
Yi e-mxi-k mêwoyo?

○ 这是什么肉做的？ — 이건 무슨 고기죠?
Yigen musen gougiji-o?

○ 这是**牛肉**做的。 — **쇠고기**예요.
Sougougiyeye.

猪肉	돼지고기 dêjigougi
鸡肉	닭고기 da-kgougi
羊肉	양고기 yanggougi

◎ 我怕辣。

저는 매운 음식을 못 먹어요.
Zenen mêwun e-mxiger mo-nmegeyo.

◎ 请不要做得太辣。

안 **맵게** 해 주세요.
An mê-pge hêzusêyo.

咸

안 짜게 해 주세요.
an zage hêzusêyo.

甜

안 달게 해 주세요.
an darge hêzusêyo.

酸

안 시게 해 주세요.
an xigê hêzusêyo.

淡

안 싱겁게 해 주세요.
an xingge-pgê hêzusêyo.

2. 要求

◎ 请给点**水**。

물 좀 주세요.
Mur zou-m zusêyo.

盐

소금
souge-m

糖

설탕
sertang

醋	식초
	xi-kqi-o
辣椒面儿	고춧가루
	goucugalu
辣椒酱	고추장
	goucujiang
酱油	간장
	ganjiang
藩茄酱	케첩
	kêqi-ep
胡椒面儿	후추가루
	hucugalu

◉ 请给我们一个**烟灰缸**。

재떨이 주세요.
Jieteli zusêyo.

餐巾	냅킨
	nê-pki-n
盘子	접시
	ze-pxi
勺子	숟가락
	su-tgala-k
筷子	젓가락
	ze-tgala-k
湿毛巾	물수건
	mursugen
牙签	이쑤시개
	yisuxigê

碗	그릇
	gele-t
叉子	포크
	poke
杯子	컵
	ke-p
酒杯	술 잔
	surzan

○ 可以换个菜吗？

다른 음식으로 바꿔도 되나요?
Dale-n e-mxigelou baguodou dênayo?

○ 请开账单，好吗？　계산해 주세요.
Gi-êsanhê zusêyo.

○ 可以用信用卡付钱吗？

카드도 받나요?
Kadedou bannayo?

○ 菜怎么这么不来？　음식이 왜 이렇게 안 나오죠?
E-mxigi wu-êyilekê annaoji-o?

○ 来一碗米饭。　공기밥 하나 주세요.
Gonggiba-p ha'na zusêyo.

○ 买单!　계산해 주세요.
Gi-êsanhê zusêyo.

1. 飞机

○ 有到**济州道**的飞机票吗？

제주도 비행기표 있어요?
Jiezudou bihênggipi-o yiseyo?

釜山
부산
Busan

大邱
대구
Dêgu

蔚山
울산
Wursan

光州
광주
Guangzu

江陵
강릉
Gangneng

○ 你想订哪天的票？

몇 일 표로 예약하시겠습니까?
Mi-eqir pi-olou yeya-k haxigêse-mniga?

○ 有6月30号的机票吗？
유월 삼십일 비행기표 있어요?
Yi-uwor sa-mxibir bihênggipi-o yiseyo?

○ 我想订两张七号去釜山的机票。
칠 일 부산행 두 장 예약하려고 합니다.
Qilir Busanbêng dujiang yeyakali-egou ha-mnida.

○ 你想订哪个航空公司的票？
어느 항공사 표로 예약하시겠습니까?
E'ne hanggongsapi-olou haxigêse-mniga?

○ 要哪一个航班的？
어느 항공편으로 드릴까요?
E'ne hanggongpi-enelou delirgayo?

○ 有头等舱的票吗？　　　1등석 있습니까?
Yirdengse-k yise-mniga?

○ 请问，几点起飞？　　　몇 시에 이룩합니까?
Mi-exie yiliu-k ha-mniga?

○ 在哪儿托运行李？　　　짐은 어디에서 부칩니까?
Jimen ediese buqi-mniga?

○ 请问，问讯处在哪儿？
안내소는 어디에 있습니까?
Annêsounen edie yise-mniga?

- 请系好安全带。　안전띠를 매 주세요.
  Anji-endiler mêzusêyo.

- 我要**咖啡**。　**커피** 주세요.
  Kepi zusêyo.

  啤酒　맥주
  mê-kzu

  可乐　콜라
  koula

  茶　차
  ca

  矿泉水　생수
  sêngsu

  果汁　주스
  zusi

- 飞机快要起飞了。　곧 이륙합니다.
  Gou-t yiliu-k ha-mnida.

- 飞机快要降落了。　곧 착륙합니다.
  Gou-t cangliu-k ha-mnida.

2. 火车

- 请问，售票处在哪儿？매표소는 어디에 있나요?
  Mêpi-osounen edie yinnayo?

◎ 有今天去**大邱**的票吗？ 오늘 **대구** 가는 표 있나요？
Oner dêguganen pi-o yinnayo?

大田　　　　　　　　대전
Dêzen

庆州　　　　　　　　경주
Gi-engzu

全州　　　　　　　　전주
Ji-enzu

天安　　　　　　　　천안
Cen'an

◎ 有没有十五号的票？ 십 오 일 거 있어요？
Xiboyirge yiseyo?

◎ 您要几点的？ 몇 시 거 드릴까요？
Mi-exige delirgayo?

◎ 请给我一张**3点半的**。 세 시 반 거 한 장 주세요.
Sêxiban ge hanjiang zusêyo.

4点20分的　　　　네 시 이 십 분 거
nêxi yixi-pbu-n ge

2点50分的　　　　두 시 오 십 분 거
duxi oxi-pbu-n ge

早上10点的　　　　아침 열 시 거
aqi-m yi-erxige

晚上8点15分的　　　　　저녁 여덟 시 십 오 분 거
zeni-ek yi-ederxi xi-p obu-n ge

○ 请给我**两张无穷花号**车票。

무궁화호 두 장 주세요.
Mugonghuahou dujiang zusêyo.

三张新村号　　　　　새마을호 세 장
sêmaerhou sêjiang.

五张统一号　　　　　통일호 다섯 장
tongyirhou dase-tjiang

○ 我要一个靠窗的座位。창가 자리로 주세요.
Cangga zalilou zusêyo.

○ 下一趟是几点的。
다음 차는 몇 시에 있습니까?
Dae-m ca'nen mi-exie yise-mniga?

○ 有餐车吗？　　　　　식당 칸이 있습니까?
Xi-kdangkani yise-mniga?

○ 餐车在哪儿？
식당 칸은 어디에 있습니까?
Xi-kdangkanen edie yise-mniga?

○ 火车这儿停多久？
기차는 여기서 얼마나 정차합니까?
Gica'nen yi-egise erma'na zengca ha-mniga?

候车室在哪儿？　　　대합실은 어디죠?
Dêha-pxilen ediji-o?

去大邱的火车在第几站台上车？
대구 가는 기차는 몇 번 승강장에서 탑니까?
Dêgu ganen gica'nen mi-eben si-nggang jiang'êse ta-mniga?

这是我的位子吧。　　　여기 제 자리입니다.
Yi-egi zê zali yi-mnida.

到大田的时候告诉我一下儿，好吗？
대전에 도착하면 알려 주시겠습니까?
Dêzen'ê docakami-en arli-e zuxigêse-m niga?

请给我一盒盒饭。　　　도시락 하나 주세요.
Douxila-k ha'na zusêyo.

3. 公共汽车

请问，车站在哪儿？　　　버스 정류장이 어디죠?
Bo-esi zengniujiangyi ediji-o?

就在前边儿。　　　바로 저 앞입니다.
Balou ze api-mnida.

到**光化门**要坐几路车？
광화문은 몇 번을 타야 되나요?
Guanghuamunen mi-ebener taya du-ênayo?

钟路	종로 Zonglou
南大门市场	남대문시장 Namdêmu-n xijiang
仁寺洞	인사동 Yinsadong
德寿宫	덕수궁 De-ksugong
景福宫	경복궁 Gi-engbo-kgong
世宗文化会馆	세종문화회관 Sêjiong mu-nhua hu-êguan
奥运公园	올림픽공원 Oli-mpi-k gongwen

● 坐502路吧。
오 백 이 번을 타세요.
Obê-kyibe'ner tasêyo.

● 请给我一张交通图。
교통 지도 한 장 주세요.
Gi-otongjido hanjiang zusêyo.

● 到梨泰院吗？
이태원에 갑니까?
Yitêwone ga-mniga?

东大门市场
동대문시장
Dongdêmu-n xijiang

北汉山
북한산
Bukansan

大学路 　　　　　　　대학로
　　　　　　　　　　Dêhangno

新村 　　　　　　　　신촌
　　　　　　　　　　Xincuo-n

昌庆宫 　　　　　　　창경궁
　　　　　　　　　　Canggi-enggong

◎ 在对面儿坐吧。　　　건너편에서 타세요.
　　　　　　　　　　Gennepi-e'nese tasêyo.

◎ 到钟路还有几站？
　종로는 몇 정거장 남았나요?
　Zonglounen mi-e zenggejiang namannayo?

◎ 到明洞时，请告诉我一声。
　명동에 도착하면 알려 주세요.
　Mi-engdong'ê docakami-en arli-e zusêyo.

◎ 首班车几点开？　　　첫 차는 몇 시에 있죠?
　　　　　　　　　　Ceca'nen mi-exie yi-tji-o?

◎ 末班车呢？　　　　　막 차는요?
　　　　　　　　　　Ma-kca'nenyo?

4. 地铁

○ 请问，地铁站在哪儿？지하철역이 어디에 있죠?
Jihacer yi-egi edie yi-tji-o?

○ 到汉城站坐几号线？
서울역은 몇 호선을 탑니까?
Souryi-egen mi-etousener ta-mniga?

○ 坐一**号线**吧。　　　　　**일 호 선**을 타세요.
Yirhouse'ner tasêyo.

二号线　　　　　　　이 호 선
yihousen

三号线　　　　　　　삼 호 선
samosen

四号线　　　　　　　사 호 선
sahousen

五号线　　　　　　　오 호 선
ohousen

六号线　　　　　　　육 호 선
yi-u'kousen

七号线　　　　　　　칠 호 선
qirhousen

○ 我得换车吗？　　　　갈아타야 하나요？
Galataya hanayo?

在哪儿换车？

어디에서 갈아타죠?

请给我一张去**明洞**的票。

명동 한 장 주세요.

Mi-engdong hanjiang zusêyo.

清凉里	청량리
	Cengliangli
钟阁	종각
	Jiongga-k
蚕室	잠실
	Jia-mxir
综合运动场	종합운동장
	Jiongha-p wu-ndongjiang
龙山	용산
	Yongsan
高速公共汽车站	고속버스터미널
	Gousou-k bo-esi temi'nar
仁川	인천
	Yincen
水原	수원
	Suwen

要换4号线在哪儿下车？

4호선은 어디에서 갈아 타죠?

Sahouse'nen ediese galataji-o?

◎ 到光化门是在这儿坐吗？
광화문은 여기서 탑니까?
Guanghuamunen yi-egise ta-mniga?

◎ 不，在对面儿坐吗。　아니요, 건너편에서 타세요.
A'niyo, gennepi-e'nêse tasêyo.

◎ 请问，往南大门市场的出口是几号？
남대문 시장은 몇 번 출구로 나갑니까?
Na-mdêmu-n xijiang'en mi-eben curgulou naga-mniga?

5. 汽车

◎ 在哪儿坐出租汽车？　택시는 어디에서 탑니까?
Tê-kxi'nen ediese ta-mniga?

◎ 到景福宫要走多长时间？
경복궁은 얼마나 가야 되죠?
Gi-engbo-kgong'en erma'na gayadu-êji-o?

◎ 请到**新罗饭店**。　**신라 호텔**로 가 주세요.
Xirla houtêrlou ga zuseyo.

梨泰院　이태원
Yitêwen

乐天世界　롯데 월드
Loudê worde

龙山电子产品店群	용산 전자상가 Yongsan zenza sangga
63大楼	육 삼 빌딩 Yi-uksa-m birding

◎ 请把我带到这个地址去。

이 주소로 가 주세요.
Yi zusoulou ga zusêyo.

◎ 请在前面路口**向左拐**。 앞에서 **좌회전** 해 주세요.
Apêse zuahu-êzen hêzusêyo.

向右拐	우회전 wuhu-êzen
一直开	직진 ji-kjin
掉头儿走	유턴 yi-ute-n

◎ 请您把车开得**慢一点**, 好吗？

좀 **천천히** 가 주세요.
Zou-m cenceni ga zusêyo.

快一点	좀 빨리 Zou-m barli

◎ 请帮我提一下行李, 好吗？

짐 좀 들어 주시겠어요?
Ji-m zou-m dele zuxigêseyo?

● 请在这儿停一下？　Yi-egise nêli-e zusêyo.
여기에서 내려 주세요.

九。交通

1. 换钱

○ 请问，什么地方可以换钱？
어디에서 환전하죠?
Ediese huanzen haji-o?

○ 我要换钱。
환전하려고 해요.
Huanzen hali-ogu hêyo.

○ 今天的牌价是多少？
오늘 환율은 어떻게 되죠?
Oner hua'niuri-n edekê du-êji-o?

○ 我要兑换**人民币**。
위엔화를 바꿀 거예요.
Yuanhualer bagur geyeyo.

美元
달러
darle

○ 我要换四百美元。
사 백 달러 바꿔 주세요.
Sabê-k darle baguo zusêyo.

◎ 美元换韩币。
달러를 한국돈으로 바꿔 주세요.
Darleler hangu-kdounelou baguo zusêyo.

◎ 请填写一张兑换单。
환전표를 작성해 주세요.
Huanzenpi-oler za-ksenghê zusêyo.

◎ 请您写上姓名和国籍。이름과 국적을 써 주세요.
Yiri-mgua gu-kzeger se zusêyo.

◎ 我可以用中文填写吗？중국어로 써도 되나요?
Zu-nggugelou sedou du-ênayo?

◎ 这边写什吗？
여기에는 무엇을 쓰죠?
Yi-egiênen mueser siji-o?

◎ 填好了。
다 썼어요.
Da seseyo.

◎ 您是现钞还是支票？
현금입니까, 수표입니까?
Hi-en'ge-m yimniga, supi-o yi mniga?

◎ 我换现金。
현금으로 주세요.
Hi-en'ge-m'elou zusêyo.

◎ 请数一下。
확인해 보세요.
huagi-nhê bosêyo.

2. 邮局

◎ 我寄包裹。

소포를 보내려고 합니다.
Soupoler bonêli-ogu ha-mnida.

◎ 我要寄信。

편지를 보내려고 합니다.
Pi-enjiler bonêli-ogu ha-mnida.

◎ 寄到哪儿？

어디로 보내실 거죠?
Edilou bonêxir geji-o?

◎ 寄到**中国**。

중국에 보낼 거예요.
Zu-nggugê bonêr geyeyo.

美国

미국
Migu-k

日本

일본
Yirbo-n

台湾

대만
Dêman

香港

홍콩
Hongkong

◎ 需要贴多少钱的邮票？
얼마짜리 우표를 붙여야 되죠?
Ermazali wupi-oler buqi-eya du-êji-o?

◎ 要**快件**。

빠른 우편으로 해 주세요.
Bari-n wupi-en'elou hêzusêyo.

航空信	항공우편 hanggong wupi-en
平信	보통우편 botong wupi-en
挂号	등기 de-nggi
特快	특급 우편 te-kge-p wupi-en

○ 航空信需要多长时间？
항공편은 얼마나 걸리죠?
Hanggongpi-e'nen erma'na gerliji-o?

○ 请给我三张邮票。
우표 세 장 주세요.
Wupi-o sêjiang zusêyo.

○ 请在这儿签名。
여기에 싸인해 주세요.
Yi-egie sayinhê zusêyo.

○ 几天可以到？
며칠 걸리죠?
Mi-eqir gerliji-o?

○ 在哪儿打电报？
어니에서 진보를 칩니까?
Ediese zenbole-r qi-mniga?

○ 信箱在哪儿？
우체통은 어디에 있죠?
Wuqietong'en edie yiji-o?

○ 我不知道这儿的邮政编码。

여기 우편번호를 몰라요.
Yi-egi wupi-enbenhouler morlayo.

3. 理发

○ 我要理发。　　　　　　이발하려고 해요.
Yibar hali-ogu hêyo.

染发　　　　　　염색
yi-emsêk

烫发　　　　　　파마
pama

刮胡子　　　　　　면도
mi-endou

剪薄作发　　　　　　커트
kete

○ 请到这边坐。　　　　　이쪽으로 앉으세요.
Yizougelou anzisêyo.

○ 你想理什么样的？　　　어떻게 해 드릴까요?
Edekê hê delirgayo?

○ 有没有发型样本？　　　카탈로그 있나요?
Katarlouge yinnayo?

◎ 我理这种发型。　　　이 스타일로 해 주세요.
Yi sitayirlou hêzusêyo.

◎ 您看着办吧。　　　그냥 보기 좋게 해 주세요.
Geniang bogizoukê hêzusêyo.

◎ 刮脸吗？　　　면도하시겠습니까?
Mi-endou haxigêse-mniga?

◎ 不要上油。　　　젤은 바르지 마세요.
Jieri-n baleji masêyo.

◎ 不要吹风。　　　드라이하지 마세요.
Delai haji masêyo.

◎ 不要用洗发精。　　　샴푸 쓰지 마세요.
Xia-mpu siji masêyo.

◎ 不要太短。　　　너무 짧게 자르지는 마세요.
Nemu zargê zaleji'nen masêyo.

◎ 请只用剪刀。　　　가위로만 깎아 주세요.
Gayulouman gaga zusêyo.

◎ 后面再剪一点。
뒷부분은 조금 더 깎아 주세요.
Dü-tbubunen zouge-m de gaga zusêyo.

两边　　　옆부분
yi-epbubu-n

顶上　　　앞부분
a-pbubu-n

喂！
Yi-ebosêyo.
여보세요.

喂，是**汉城站售票处**吗？
여보세요, 서울역 매표소죠?
Yi-ebosêyo, Souryi-ek mêpi-osouji-o?

总服务台	프론트 fule-nte
新罗饭店	신라호텔 Xirla houtêr
餐厅	식당 xi-kdang
旅行社	여행사 yi-ehêngsa

请接201房间。
201호실 연결해 주세요.
Yibêk yirhouxir yi-en'gi-erhê zusêyo.

- 你给我接错了。 잘못 연결됐어요.
  Zarmo-t yi-en'gi-er du-êseyo.

- 电话占线。 통화 중입니다.
  Tonghuazu-ng yi-mnida.

- 你找谁？ 누구를 찾으시죠?
  Nugule-r cazixiji-o?

- 金先生在吗？ **김** 선생님 계세요?
  Gi-m sensêngni-m gêsêyo?

  李 이
  Yi

  朴 박
  Ba-k

  郑 정
  Zeng

  姜 강
  Gang

  崔 최
  Que

  林 임
  Yi-m

  柳 유
  Yi-u

  赵 조
  Zou

◎ 我就是。 Ze-mnida.
접니다.

◎ 他不在。 안 계십니다.
An gêxi-mnida.

◎ 请稍等。 잠깐만 기다리세요.
Za-mganman gidalisêyo.

◎ 您打错了。 잘못 거셨습니다.
Zarmo-t gexi-ese-mnida.

◎ 请再说一遍。 다시 한 번 말씀해 주세요.
Daxi hanben marse-mhê zusêyo.

◎ 我听不清楚，请您大点儿声。
잘 안 들려요, 좀 크게 말씀해 주세요.
Zar anderli-oyo, zou-m kegê marse-mhê zusêyo.

◎ 您是哪位？ 누구시죠?
Nuguxiji-o?

◎ 我是○○。 ○○입니다.
○○ yi-mnida.

◎ 我要打**长途电话**。
장거리 전화 걸려고 합니다.
Jianggeli zenhua gerli-ogu ha-mnida.

国际电话 국제 전화
gu-kjie zenhua

◎ 这电话可以打长途电话吗？
이 전화 장거리 전화도 됩니까?
Yi zenhua jianggeli zenhuadou du-êmni ga?

◎ 请拨0吧。　　　　　영 번을 누르세요.
Yi-engbener nulesêyo.

◎ 先拨地域号码。　　먼저 지역 번호를 누르세요.
Menze jiyi-ek benhouler nulesêyo.

◎ 请问，釜山的地域号码是多少？
부산 지역 번호가 몇 번이죠?
Busan jiyi-ek benhouga mi-ebenyiji-o?

◎ 对方电话号码是多少？
상대방 전화번호는 몇 번이죠?
Sangdêbang zenhua benhounen mi-ebenyi ji-o?

◎ 请问，您的电话号码？
전화번호가 어떻게 됩니까?
Zenhua benhouga edekê du-êmniga?

◎ 我的电话号码是731－4956。
칠 삼 일 사 구 오 륙입니다.
Qir sa-m yir sa gu o liu-k yi-mnida.

◎ 请由对方付款。　　수신자 부담으로 해 주세요.
Suxinza budamulou hêzusêyo.

◎ 由我付款。

발신자 부담으로 해 주세요.
Barxinza budamulou hêzusêyo.

十二。 购物

1. 常用语

百货商店在哪儿？ **백화점**이 어디 있죠?
Bê-khuazemi edi yiji-o?

超级商店 슈퍼마켓
supomakê-t

文具店 문구점
mu-nguze-m

衣服店 옷 가게
o-tgagê

鞋店 신발 가게
xinbar gagê

面包店 빵집
bangji-p

我买一顶帽子。 모자 하나 사려고 해요.
Moza ha'na sali-ogu hêyo.

我就买这个吧。 이걸로 주세요.
Yigerlou zusêyo.

○ 请给我换一下，好吗？ 바꿔 주실 수 있나요?
Baguo zuxirsu yinnayo?

○ 我想把这退掉。 이거 물러 주세요.
Yige mule zusêyo.

○ 多少钱？ 얼마죠?
Ermaji-o?

○ 多少钱一瓶？ 한 병에 얼마죠?
Han bi-eng'ê ermaji-o?

○ 多少钱一个？ 하나에 얼마죠?
Ha'naê ermaji-o?

○ 太贵了。 너무 **비싸요**.
Nemu bisayo.

　大 커요
keyo

　小 작아요
jiagayo

　多 많아요
ma'nayo

　少 적어요
zegeyo

○ 便宜点儿行不行？ 좀 싸게 해주세요.
Zou-m sagê hêzusêyo.

○ 有大一点儿的吗？　　　좀 큰 거 있나요?
Zou-m kenge yinnayo?

○ 有没有再便宜点儿的？더 싼 건 없나요?
De san'gen e-mnayo?

○ 我看看都有什么式样的。

좀 볼게요.
Zou-m borgêyo.

○ 请把那个拿给我看看。저 것 좀 보여 주세요.
Zege zou-m boyi-e zusêyo.

○ 这是用什么做的？　　뭐로 만든 거죠?
Molou mande-n geji-o?

○ 请给我开一张发票。영수증 주세요.
Yi-engsuzi-ng zusêyo.

○ 这儿有点儿毛病。
Yi-egi hemi yiseyo.
여기 흠이 있어요.

2. 衣服

○ 我想买一件衬衣。
셔츠를 하나 사려고 합니다.
Xi-ecile-r ha'na sali-ogu ha-mnida.

购物

背心	조끼 zougi
运动服	운동복 wu-ndongbo-k
裤子	바지 baji
大衣	외투 wu-êtu
毛衣	스웨터 siwu-ête
袜子	양말 yangmar
裙子	치마 qima
皮夹克	가죽 잠바 gazu-k za-mba
丝袜	스타킹 sitaking
T恤衫	티셔츠 ti xi-eci
西服	양복 yangbo-k
帽子	모자 moza
手套	장갑 jiangga-p

领带　　　　　　　넥타이
　　　　　　　　　nê-ktai

腰带　　　　　　　허리띠
　　　　　　　　　helidi

胸罩　　　　　　　브라자
　　　　　　　　　bulajia

◉ 这是**纯棉**的吗？　이거 **순면**입니까?
　　　　　　　　　Yige sunmi-en yi-mniga?

真丝　　　　　　　순견
　　　　　　　　　sungi-en

人造丝　　　　　　인조견
　　　　　　　　　yinzougi-en

毛　　　　　　　　모직
　　　　　　　　　moji-k

尼龙　　　　　　　나일론
　　　　　　　　　nailou-n

◉ 我不喜欢这种颜色。　이 색은 맘에 들지 않네요.
　　　　　　　　　Yi sêgen mamie derji annêyo.

◉ 你们有别的颜色吗？　다른 색은 없나요?
　　　　　　　　　Dale-n sêgen e-mnayo?

◉ 有没有再深些的？　좀 짙은 색은 없나요?
　　　　　　　　　Zou-m jite-n sêgen e-mnayo?

有没有再浅些的？　좀 옅은 색은 없나요?
Zou-m yi-ete-n sêgen e-mnayo?

有没有**蓝色**的？　**파란색**은 없나요?
Palan sêgen e-mnayo?

绿色　녹색
nuo-ksê-k

黄色　노란색
nuolansê-k

紫色　보라색
bolasê-k

白色　흰색
hi-nsê-k

黑色　검정색
ge-mzengsê-k

粉红色　분홍색
bu-nhongsê-k

红色　빨간색
bargansê-k

深红色　짙은 빨간색
jite-n bargansê-k

浅红色　옅은 빨간색
yi-ete-n bargansê-k

深一点儿　좀 짙은 색
zou-m jite-nsêk

浅一点儿　　　　좀 옅은 색
zou-m yi-ete-nsêk

● 有别的样式吗？　　다른 모양은 없나요?
Dale-n moyang'en e-mnayo?

● 我能不能试穿？　　입어 봐도 되나요?
Yibo badou du-ênayo?

● 有镜子吗？　　거울 있어요?
Gewur yiseyo?

● 试衣室在哪儿？　　탈의실은 어디죠?
Taryixilen ediji-o?

● 太紧了。　　너무 꽉 끼어요.
Nemu gua-k gi-eyo.

松　　헐렁해요.
helenghêyo.

长　　길어요.
gileyo.

短　　짧아요.
zarbayo

● 拉链有点儿毛病。　　지퍼가 고장났네요.
Jipoga goujiang nannêyo.

● 这件不合身。　　안 맞아요.
An mazayo.

◎ 这件很合身。　　　딱 맞네요.
Da-k mannêyo.

3. 鞋

◎ 我要买一双**皮鞋**。
구두를 한 켤레 사려고 합니다.
Guduler hankerlê sali-ogu ha-mnida.

靴子　　　　　　　부츠
buci

拖鞋　　　　　　　슬리퍼
serlipo

凉鞋　　　　　　　샌들
sênder

运动鞋　　　　　　운동화
wu-ndonghua

高跟儿鞋　　　　　하이힐
haihir

◎ 请给我一双号码小点儿的。
좀 작은 치수로 주세요.
Zou-m zagen qisulou zusêyo.

◎ 请给我一双号码大点儿的。
좀 큰 치수로 주세요.
Zou-m ke-n qisulou zusêyo.

◎ 这种样式有黑色的吗？
이 모양으로 검은 색 있습니까?
Yi moyang'elou gemu-nsê-k yise-mniga?

◎ 是真皮的吗？　　진짜 가죽입니까?
Jinza gazu-k yi-mniga?

◎ 我想买鞋油。　　구두약 주세요.
Guduya-k zusêyo.

◎ 太松了。　　너무 커요.
Nemu keyo.

◎ 太紧了。　　너무 작아요.
Nemu jiagayo.

4. 日用品

◎ 有没有卫生纸?　　휴지 있어요?
Hi-uji yiseyo?

剔须刀　　면도기
mi-endogi

呀刷　　칫솔
qisour

呀膏　　치약
qiya-k

香烟	담배 da-mbê
打火机	라이터 laite
电池	건전지 genzenji
雨伞	우산 wusan
胶卷儿	필름 pile-m

我要一**盒**香烟。 **담배 한 갑** 주세요.
Da-mbê hanga-p zusêyo.

一个打火机 라이터 하나
laite ha'na

一支圆珠笔 볼펜 하나
borpê-n ha'na

一张信封 편지 봉투 한 장
pi-enji bo-ngtu hanjiang

5. 水果

香蕉一斤多少钱？ **바나나**는 한 근에 얼마죠?
Ba'na'na'nen hange'nê ermaji-o?

苹果 　　　　　　사과
　　　　　　　　sagua

葡萄 　　　　　　포도
　　　　　　　　podou

橘子 　　　　　　귤
　　　　　　　　gi-ur

草梅 　　　　　　딸기
　　　　　　　　dargi

◎ 给我两斤。　　두 근 주세요.
　　　　　　　　Dugen zusêyo.

◎ **橘子**怎么卖？　굴은 어떻게 팝니까?
　　　　　　　　Gi-ulen edekê pa-mniga?

梨 　　　　　　　배
　　　　　　　　bê

桃儿 　　　　　　복숭아
　　　　　　　　bo-ksong'a

柿子 　　　　　　감
　　　　　　　　ga-m

柠檬 　　　　　　레몬
　　　　　　　　lêmo-n

波萝 　　　　　　파인애플
　　　　　　　　pai'nêpur

西瓜 　　　　　　수박
　　　　　　　　suba-k

一千圆十个。
열 개에 천 원입니다.
Yi-ergêê ce'nu-en yi-mnida.

三千圆一个。
하나에 삼 천 원입니다.
Ha'naê sa-mce'nu-en yi-mnida.

请给我二十个。
스무 개 주세요.
Simugê zusêyo.

甜不甜？
달아요?
Dar'ayo?

酸不酸？
시어요?
Xi'eyo?

好吃吗？
맛있어요?
Maxiseyo?

可以尝尝吗？
맛 볼 수 있어요?
Ma-t borsu yiseyo?

这个烂了。
이거 썩었어요.
Yige segeseyo.

换别的吧。
다른 걸로 바꿔 주세요.
Dari-n'gelou baguo zusêyo.

一共多少钱？
모두 얼마죠?
Modu ermaji-o?

6. 书籍

◎ 请问，书店在哪儿？

Sezemi edie yise-mniga?
서점이 어디에 있습니까?

◎ 请问，**教保文库**在哪儿？
교보문고는 어디에 있습니까?
Gi-obo mu-n'gounen edie yise-mniga?

钟路书籍	종로서적
	Zongnuo seze-k

永丰文库	영풍문고
	Yi-engpu-ng mu-n'gou

◎ 我想买一部**汉韩词典**。
중한 사전을 사려고 해요.
Zu-nghan saze'ner sali-ogu hêyo.

一部韩汉词典	한중 사전
	Hanzu-ng saz-en

一张韩国地图	한국 지도
	Han'gu-k jidou

一本韩语课本	한국어 교본
	Han'guge gi-obo-n

◎ 哪儿卖旅游指南？
여행 안내 책자는 어디에서 팝니까?
Yi-ehêng annê cê-kzanen ediese pa-mniga?

◦ 在二楼卖。　　이 층에 있어요.
　　　　　　　Yici-ng'ê yiseyo.

三楼　　　　　삼 층
　　　　　　　sa-mci-ng

四楼　　　　　사 층
　　　　　　　saci-ng

楼上　　　　　위 층
　　　　　　　yuci-ng

楼下　　　　　아래 층
　　　　　　　alêci-ng

7. 家用电器及计算机类

◦ 请问，有没有**随身听**？ **워크맨** 있어요?
　　　　　　　Wokemên yiseyo?

录音机　　　　녹음기
　　　　　　　nuoge-mgi

电话机　　　　전화기
　　　　　　　zenhuagi

手机　　　　　핸드폰
　　　　　　　hêndepo-n

照相机　　　　카메라
　　　　　　　kamêla

数吗相机 디지털 카메라
dijiter kamêla

电子计算机 컴퓨터
ke-mpi-ute

台式机 데스크탑
dêsike ta-p

笔记本计算机 노트북
nuotebu-k

复印机 복사기
bo-ksagi

打印机 프린터
pulinte

扫描仪 스캐너
sikêne

计算器 계산기
gêsan'gi

电子字典 전자사전
zenza sazen

● 我要买一台**电视机**。
텔레비전 한 대 사려고 합니다.
Têlêbizen han dê sali-ogu ha-mnida.

空调 에어컨
êeken

冰箱 냉장고
nêngjianggou

洗衣机	세탁기 sêta-kgi
VCD机	VCD 플레이어 VCD puleiyi-e
DVD机	DVD 플레이어 DVD puleiyi-e
吸尘器	진공청소기 jingong cengsougi
电烤箱	전기오븐 zengi obu-n
电炉	전자 레인지 zenza lêyinji
加湿器	가습기 gasi-pgi
数字摄像机	디지털 캠코더 dijiter kê-mkoude

● 有没有别的样式？　다른 모델은 없나요?
Dari-n modêlen e-mnayo?

<table>
<tr><td colspan="2">

十三。　看病

</td></tr>
<tr><td>

您哪儿不舒服？

</td><td>

Ediga apuxiji-o?
어디가 아프시죠?

</td></tr>
<tr><td>

我脚扭伤了。

</td><td>

발목을 삐었습니다.
Balmoger bi'ese-mnida.

</td></tr>
<tr><td>

感冒了

</td><td>

감기에 걸렸어요
Ga-mgiê geli-eseyo

</td></tr>
<tr><td>

发烧了

</td><td>

열이 납니다
Yi-eli na-mnida

</td></tr>
<tr><td>

肚子疼

</td><td>

배가 아파요
Bêga apayo

</td></tr>
<tr><td>

头疼

</td><td>

머리가 아파요
Meliga apayo

</td></tr>
<tr><td>

嗓子疼

</td><td>

목이 아파요
Mogi apayo

</td></tr>
<tr><td>

泻肚子

</td><td>

설사를 합니다
Sersaler ha-mnida

</td></tr>
<tr><td>

头晕

</td><td>

어지러워요
Ejilewoyo

</td></tr>
</table>

恶心	구역질이 나요 Guyi-ekjili nayo
咳嗽	기침이 나요 Giqimi nayo
◎ 请挂个号。	접수하세요. Ze-psu hasêyo.
◎ 我挂**内科**。	**내과**에 접수하려고 해요. Nêguaê ze-psu hali-ogu hêyo.
外科	외과 wu-êgua
牙科	치과 qigua
眼科	안과 an'gua
儿科	소아과 sou'agua
妇产科	산부인과 sanbuyin'gua
泌尿器科	비뇨기과 bini-ogigua
◎ 请躺在床上。	침대에 누우세요. Qi-mdêê nuwusêyo.
◎ 好痛哟!	아파요! Apayo!

◎ 这里是药房吗？　　　여기가 약국입니까?
Yi-egiga ya-kgu-k yi-mniga?

◎ 你什么时候开始发烧的？

여기가 약국입니까? 언제부터 열이 났습니까?
Enzêbute yi-eli nase-mniga?

◎ 从昨天开始发烧。　　어제부터 열이 났습니다.
Ezêbute yi-eli nase-mnida.

◎ 每天吃几次？　　　　하루에 몇 번 먹나요?
Haluê mi-eben me-knayo?

◎ 每日三次，每次两片。
하루에 세 번, 한 번에 두 알씩 드세요.
Haluê sêben, hanben'ê du arxi-k desêyo.

<table>
<tr><td>十四.</td><td>摄影</td></tr>
</table>

○ 能帮助我照一张相吗？ 사진 한 장 찍어 주세요.
Sajin hanjiang jige zusêyo.

○ 请让一下好吗？ 좀 비켜 주세요.
Zou-m biki-e zusêyo.

○ 能和您照张相吗？ 같이 사진 한 장 찍어요.
Gaqi sajin hanjiang jigeyo.

○ 咱们在这儿照张相吧。 우리 여기서 사진 찍어요.
Wuli yi-egise sajin jigeyo.

○ 这相机是**自动**的？ 이 카메라는 **자동**입니다.
Yi kamêlanen jiadong yi-mnida.

手动 수동
sudong

○ 我想买一个**彩色胶卷儿**。

칼라 필름 한 통 주세요.
Kala pile-m han tong zusêyo.

黑白胶卷儿 흑백 필름
he-kbê-k pile-m

116

○ 我要36张的。
서른 여섯 장 짜리로 주세요.
Sele-n yi-esejiang zalilou zusêyo.

24张的　　　　　　　스물 네 장 짜리
　　　　　　　　　simur nêjiang zali

○ 冲洗胶卷儿多少钱？
필름 현상하는데 얼마죠?
Pile-m hi-ensang ha'nendê ermaji-o?

○ 每张底片洗两张。　　두 장씩 현상해 주세요.
Dujiangxi-k hi-ensanghê zusêyo.

○ 请把这张放大。　　이 사진 확대해 주세요.
Yi sajin hua-kdêhê zusêyo.

○ 什么时候能取照片？　언제 찾으러 오면 되지요?
Enjie cazile omi-en du-eji-o?

○ 这台相机你能修吗？
이 카메라 수리할 수 있습니까?
Yi kamêla suliharsu yise-mniga?

○ 胶卷儿卡住了。　　필름이 엉켰습니다.
Pilemi engki-ese-mnida.

○ 快门有点儿毛病。　셔터가 고장났습니다.
Xi-etega goujiang nase-mnida.

几点见面？

몇 시에 만날까요?
Mi-exie mannargayo?

六点半见吧。

여섯시 반에 만나요.
Yi-esexi ban'ê mannayo.

我们在什么地方见面？ 어디에서 만날까요?
Ediese mannargayo?

在饭店门口见面。

호텔 입구에서 만나요.
Houtêr yi-pguêse mannayo.

五点半在地铁站门口见面。
다섯 시 반에 전철역 입구에서 만나요.
Dasexi ban'ê zenceryi-ek yi-pguêse man nayo.

明天晚上你有空儿吗？ 내일 저녁에 시간 있어요?
Nêyir zeni-egê xigan yiseyo?

今天晚上

오늘 저녁
oner zeni-ek

明天早上

내일 아침
nêyir aqi-m

后天下午　　　　　　　　모레 오후
　　　　　　　　　　　molê ohu

● 这个星期三早上你有空儿吗？
이번 주 수요일에 시간 있어요?
Yibenzu suyoyilê xigan yiseyo?

● 有空儿，什么事？
시간 있습니다. 무슨 일이죠?
Xigan yise-mnida. musen yiliji-o?

● 我们一起去逛逛东大门市场好吗？
우리 같이 동대문 시장 갈까요?
Wuli gaqi Dongdêmu-n xijiang gargayo?

● 好吧。几点？　　　　　좋습니다. 몇 시요?
　　　　　　　　　　　Zouse-mnida, mi-exiyo?

● 后天见！　　　　　　　모레 만나요!
　　　　　　　　　　　Molê mannayo!

● 那天见！　　　　　　　그 날 만나요!
　　　　　　　　　　　Ge nar mannayo!

三.
附录

- 名称：大韩民国
- 面积：99000平方千米、约站韩半岛总面积的45%。
- 语言：通用韩国语。汉城语言是现代标准语的基础。文字通用韩文。
- 货币：韩元（WON）。纸币有 1,000、5,000、10,000 韩元 3种、硬币有 1、5、10、50、100、500 韩元 6种。
- 国歌：爱国歌。韩国的国歌《爱国歌》寓意是"为着爱国家"的意思。爱国歌始创于1896年创刊的《独立新闻》上刊登的多种爱国歌歌词、至今仍未明确来源于何种曲调。现在的爱国歌是1900年初根据苏格兰的民谣Auld Lang Syne的曲调作成。
- 国旗：太极旗。太极旗是以韩国人的理想和宇宙观为基础、国旗象征着和平、统一、创造、光明、自由、平等、发展。太极旗是用白色作底色、中间的太极模样和四·角上的卦（卦：乾坤坎离）构成。
- 国花：无穷花。寓意为永远绽放、永不凋落。据史书载、无穷花从古代就与韩国人有着不解之缘。在古朝鲜之前人称之为从天而降的花、新罗时自称为槿花乡、可见韩国人对它有多么偏爱。

韩国无穷花有上百种、但最美不过花芯中央为红色的丹心系的国花。无穷花生命力极其旺盛、正因为如此、无穷花代表着韩国人民的发展和繁荣、象征着韩国人民的勤劳和坚韧。

- 首都：汉城。汉城位于韩国的西北部、汉江中游、距海30公里、离板门店70公里。占韩国总面积的0.63%、人口1000多万。
- 行政区划：现设1个特别市（汉城）、6个广域市（釜山、大田、仁川、光州、大邱、蔚山）、9个道（京畿、江原、忠清南、忠清北、全罗南、全罗北、庆尚南、庆尚北、济州）。

摘自 www.hanguo.org

二。 语 言

韩国人使用同一种语言和文字、这是形成他们强烈的民族共性中至关重要的因素。韩语、包括汉城地区使用的标准话在内有好几种不同的方言、但除济州道地区使用的方言外、各地的方言都相似、讲起来彼此都能够听懂、没有任何困难。

语言学和人口学的研究表明、韩语属中亚的乌拉尔—阿尔泰语系。同属这一语系的还有土耳其语、匈牙利语、芬兰语、蒙古语、藏语和日本语。

韩语字母、是15世纪在朝鲜王朝(1392～1910)第四代君主世宗大王(1418～1450年)倡导下、由一些学者创造的。在创造这种字母之前、由于中国文字非常难、只有少数人才能掌握它。

为创造韩文书写体系、世宗大王和学者参考了当时已知的几种书写文字、如中国的古篆、维吾尔和蒙古文字。但他们创造的韩文书写体系主要基于自己对音篇学的研究。更主要的是他们没有采用中国音韵学中的两分法、而是自己发明了三分法理论、将音节分成初声、中声和终声。

韩语字母包含10个元音和14个辅音、可组成许多音节。它既简单又具有系统性和全面性、被公认是世界上最科学的文字之一。韩语字母易于学习和书写、对韩国文盲少、出版业发达做出了巨大贡献。

三。 地 理

韩国位于韩半岛。韩半岛地处亚洲大陆的东北部、自北向南延伸、全长1,100公里。韩国的领海与太平洋最西部的海域交汇。韩半岛北部与中国和俄罗斯接壤、东部濒临东海、与邻邦国日本隔海相望。除与大陆相连的半岛之外、韩国还拥有3,000个大小岛屿。

韩半岛的面积为222,154平方公里、几乎与英国或罗马尼亚相等。韩国的面积为99,000平方公里。山地占韩半岛面积的三分之二左右。

太白山山脉沿半岛整个东部海岸伸延。由于受东海波涛的冲击、东海岸形成一片悬崖峭壁和岩石小岛。西部和南部坡度平缓、形成平原和许多近海岛屿和小港湾。

韩半岛有许多风景优美的山川。因而韩国人往往称之为锦绣江山。最高的山峰是位于北韩与中国接壤的白头山（长白山）、海拔2,744米。这座山的山顶有一个称之为天池的死火山口。白头山是韩国民族精神最主要象征、并被写入韩国国歌之中。

就其幅员而言、韩国拥有相对多的河流、这些河流在形成韩国人的生活方式和韩国实现工业化方面都起了重要作用。鸭绿江（长790公里）和豆满江（图们江—长521公里）是北韩两条最长的河流。它们均发源于白头山、一条向西流、一条向东流、形成半岛北部边界。洛东江（长525公里）和汉江（长514公里）是半岛南部地区两条主要河流。流经韩国首都汉城的汉江是古代王国生息与沿江人民的生命线、如今则是现代韩国人口密集的中部地区的生命线。

由于韩半岛三面环海、自古以来海洋就在韩国人的生活中起着重要作用、为韩国早期造船业和航海术的发展作出了贡献。

四。气候

　　韩国四季分明、春、秋两季较短；夏季炎热、潮湿；冬季寒冷、干燥、多雪。近几年来、全球性气候变化对韩半岛气候产生了影响、使韩半岛变得夏日多雨、冬日少雪。

　　韩国各地区之间温差较大、平均温度为6摄氏度（华氏43度）至16摄氏度（华氏61度）。在全年最热的8月份、平均温度为19摄氏度（华氏66度）至27摄氏度（华氏81度）。而在全年最冷的1月份、平均温度在零下8摄氏度（华氏17度）至6摄氏度（华氏43度）。

　　早春时节常常刮风下雨、大风带来中国北方沙漠的黄色沙尘、天气变化有时颇难预测。但是到了4月中旬、天气转暖、满山遍野开满了争奇斗艳的鲜花。韩国农民每年在这时候平整秧田准备种植水稻。

　　秋季空气清新、天空蔚蓝、景色宜人。乡村都染上了丰富的斑斓色彩。秋天是收获的季节、在这一季节中有许多源于古代农事习俗的节日。

　　摘自　www.visitseoul.net

- 春节：农历正月初一是韩国最大传统节日之一、这一天全家人身穿民族服装举行祭祖仪式。

- 三·一节：民族独立运动纪念日。一九一九年三月一日、人民为反对日本帝国主义的统治、要求独立、举行了示游行。

- 植树日：四月五日、是国家为植树造林、绿化祖国而规定的节日。

- 儿童节：五月五日儿童节、这一天儿童可免费游览公园、动物园、博物馆等。

- 释迦牟尼诞辰日：农历四月初八、佛教的创始人释迦牟尼诞生的日子。这天佛教徒们在寺院举行隆重的纪念仪式、晚上佛教信徒们提莲花灯列队游行。

- 光复节：八月十五日、这一天是纪念一九四五年八月十五日打败日本帝国主义、国家恢复主权、民族得到解放的一天。

◎ 中秋节：农历八月十五日、一年当中最重要的节日、庆祝一年丰收的同时、感谢祖先、给祖先上坟的日子。

◎ 圣诞节：十二月二十五日、与大多数西方国家一样、在韩国也是一个法定的假日。

<table><tr><td>六。</td><td>电 话</td></tr></table>

1. 旅游咨询电话 1330

◎ 为了有助与旅游咨询在99年9月开通的旅游咨询电话1330这是一部在全国各地直接拨打1330就可联系到邻近的旅游咨询所、可以用韩国语、英语、日语及中文询问。（仅收电话费）

◎ 服务项目
旅游信息咨询
英语、日语、中文 旅游咨询服务
旅游不便情·申告

◉ 使用方法

直接拨打1330就能联系管辖旅游咨询所

想用其他地区旅游咨询电话时、请拨打地区号和1330

◉ 利用时间

汉城 ： 09:00～20:00

其他地区 ： 09:00～18:00(注，星期六到下午1点，节
假日休息)

2. 拨打电话的方法

(1) 国内电话

国内电话区分为市内电话和市外电话。市内电话只需拨打希望通话的对方电话号既可。长途电话得先拨打希望通话的对方区域号码。

(2) 国际电话

韩国国际申话的3个企业中(001、002、008)选用一个拨打、然后再拨希望通话国家的国家号和地区号及对方电话号码。

(3) 公共电话

直接拨打1330就能联系管辖旅游咨询所。想用其它地

区旅游咨询所时、请拨打地区号和1330。

(4) 用卡电话

市内电话的起话费是50韩元(3分钟)、使用电话卡可拨通国际电话、有些公共电话可以拨打和接收对方电话。用卡电话有2,000韩元、3,000韩元、5,000韩元、10,000韩元等四种、这些卡可以拨打国际电话。电话卡可以在电话局以外、还可在公用电话厅附近的店铺、银行、邮局购买。

(5) IC卡/硬币兼用式电话

电话公司给个人供给的IC卡和硬币可以使用。

3. 实用的电话号

- 天气 131. 02-737-0011、02-737-0365/7
- 国际咨询 00794
- 国际手动 00799
- 国际电报 00795
- 犯罪申告 112
- 火灾及救急咨询 119
- 急救患者 信息中心 1339

◎ 机场咨询所 （国内线）02-660-2456、

　　　　　　　　（国际线）02-660-2483/4

◎ 汉城市内电话咨询 114

◎ 长途电话咨询 区域号码+114

◎ 英语电话咨询 080-211-011

摘自 chinese.tour2korea.com

七。韩国的交通工具

1. 出租车

　　会说汉语或英语的司机不多、但用韩国语或中国繁体字给他们写目的地、或给他们看地图、不会有什么太大问题。在市内各处跑的出租车分为普通和模范两种。韩国出租车出租费价格是不分种类、采取时间和距离并用的方法。

（1）普通出租车

　　起价费为1,600韩元（开始2公里）、后按距离和时间出租费每次增加100韩元。深夜（0时－上午4时）骊再增加一些。

(2) 模范出租车

起价费为4,000韩元(开始3公里)、后按距离和时间出租费每次增加200韩元。深夜不加价、可给收据。车体上印有 "豪华出租车"的字样、颜色是黑色。这些模范出租车为顾客提供良好的服务。(在车内可以打电话)不管在什么地方只要挂3431～5100电话、立刻可以使用模范出租车。通过电话还可预约。

(3) 游客导游出租车

英语、中国语的模范出租车司机、可以为舅的观光导游。出租车门写着VISITOR'S GUIDE。

＊为外国人提供出租车翻译服务＊

汉城市出租车利用手机提供同时翻译服务。外国人乘出租车、可利用车内的无绳电话、与翻译中心联系、这样乘客、司机和翻译3人可以同时对话。提供英语、日语、汉语三种语服务、车体上标记：FREE INTER-PRETATION字样。

2. 巴士

(1) 市区巴士

大约有4百多个路线的汉城市区巴士、与地铁一起为市

民出门提供方便。白天实行巴士专用线。市区巴士分三大
类，即都市型普通巴士、座席巴士、高级座席巴士等，其大
小及颜色都不同。虽不是市区巴士，还有骊规定区线的乡村
巴士(3百元)。掌握巴士路线，利用方便，还可以省钱。常
坐巴士，用交通卡是挺方便的。

＊普通巴士

车体是绿色或橙色、最普及并肩负着市区交通的主力
。乘车交一千韩元纸币也可以、司机会找给您零钱的
。乘车费在汉城市区内一律是6百元。

＊座席巴士、高级座席巴士

座席观光巴士、是两排、座席多、便于长距离移动。
尤其急行高级座席巴士车内还用英语广播。
目的地都用韩国字标记、按路线都有巴士号码、若事
先掌握、使用起来更方便。乘车费是1,200～1,300韩
元。

(2) 高速巴士

　　游客若要到全国大小城市去、需到高速巴士总站乘
坐高速巴士、高速巴士分优等高速巴士与一般高速巴士两
种。优等高速巴士拥有宽大的座位空间及便利设施、令舅
感到舒畅。

（3）机场巴士及KAL班车

外国人从机场可利用机场巴士或KAL班车。机场巴士往返于汉城市中心与机场、价廉而班次多。KAL班车是直达市内主要高圭饭店、车上设有公用电话、25席座位、每座位拥有宽敞空间的大型豪华巴士、车内还提供告泉水。

3. 地铁

目前、在韩国汉城、釜山、大邱、仁川有地铁。在韩国电车和地铁是一样的、是因为各线路不管是地上还是地下都骊。韩国的地铁发达、是包括外国人在内人们最方便的交通工具。各站都有固定号码、各站名、魔票处、换乘介绍等都用英语标记。

共有8条线路、地铁线路图还按线路用不同颜色分了类、运行中用韩国语和英语进行介绍广播。

尤其、汉城地铁所有线路都用相同乘车券、所以购一次乘车券、不管换乘绞条线路都不用再购买乘车券、是蜈方便的。

地铁是汉城市区主要交通工具、多数商店、市场或旅游地都在地铁站附近、若知道目的地、自己胥蜈容易、即使不知站名记住各站的号码、也可以直接到目的地站。

4. 铁路

京釜线(汉城－釜山)、湖南线(汉城－光州、木浦)、全罗线(汉城－丽水)等全国各地遍布铁路网。铁道厅经营的列车有、特快列车＜SAEMAUL号＞、直快列车＜无穷花号＞、以及各站都停的＜统一号＞等三种。要购买周末或休息日的乘车券、最好是提前预约。

摘自　chinese.tour2korea.com

八。　旅游景点

汉城是世界第十大城市、在这座城市里古与今以奇妙的方式并存。历史悠久的宫殿、城门、圣祠以及博物馆里贵重的艺术品、是这座城市辉煌的往昔的佐证、而闪闪发光的耸入云霄的摩天大楼和熙熙攘攘的交通则表明了央生气勃勃的今朝。拥有1千多万人口的汉城、不仅是韩国的首都、而且也是央的政治、经济、文化和教育中心。

● **汉城市内有4座属于朝鲜王朝(1392－1910年)的古老王宫**：景福宫、德寿宫、昌德宫及昌庆宫。还有宗庙、即供奉朝鲜王朝王室祖先的祠堂。毗邻昌德宫的后苑是另一处著名的胜地、有着景色优美的花园及古典建筑。为外国游客推荐的其他地方包括国立博物馆、国立国乐院、世宗文化会馆、湖岩美术馆及韩国之家。在南部卫星城市果川的国立现代美术馆、也值得一游。从汉城市中心南山公园中的汉城塔上游客可以一览汉城的全景、并且可以看到民俗村。

游客不应错过的另一体验是到现代餐厅或有宫廷气派的韩国式的餐馆品尝一下韩国菜饭。上等的中国和日本饭菜、以及法国、意大利、墨西哥、巴基斯坦和其他地区的佳肴也应有尽有。汉城还有活跃的夜生活、有屋顶夜总会、有歌舞助兴的餐厅及咖啡馆、许多餐厅、酒吧和商店都用英语服务。

韩国民俗村：这一传统村庄位于汉城以南约30分钟车程的地方、它重现了古代韩国的民间生活。该村建于1973年、目前它几乎包容了过去的岁月中韩国独具特色的一切事物的各岁方面。在那里可分辨出各道典型的房舍。在村广场上、可以定时看到走绳索、婚礼或葬礼仪式表演、放风筝比赛、以及民族舞蹈队的表演。此外、还可以看到铁匠、木匠、陶瓷匠和乐器制造工匠在他们的店铺里工作的情景。华城是朝鲜王国的一座有城墙的城池、已经列入联合国教科文组织著名的世界文化遗产名单之中。

华城与民俗村相邻。龙仁自然农园是一个综合性的休闲处所、有先进的游乐设施。这里宏伟的湖岩美术博物馆展出5千余件美术作品。约有80家瓷　集中在韩国陶瓷中心的利川和骊州地区。在每年9月举行的利川陶瓷节中、游客可以欣赏到高丽青瓷的密色和纯净的白瓷。

江华岛：位于仁川港以北汉江的入海口、是韩国的第五大岛、是富于历史遗迹并具有自然美的地区。这里主要的历史纪念物包括一个祭坛(据信是由传说中的韩国开国始祖檀君所设置)、城堡、城墙、一座属于13世纪高丽王朝的时期的青瓷窑及传灯寺。从汉城驾车到该地区约一个半小时。

板门店：位于汉城以北56公里、可乘公共汽车前往。这里昰停战村、即1953年7月27日签定韩国停战协定、结束韩战激烈战事的地方。这里是共同安全区、由联合国军和北韩警卫队共同管理。游客前往参观必须提前几天预约、以便得到军方的许可。

● **中部地区**：这一地区有广泛的公路和铁路网络。位于汉城以南约2小时车程的大田、是汉城-釜山和汉城-光州-木浦线的主要铁路枢纽、现正迅速成为韩国主要的科学中心之一。博览会园是93大田国际博览会的会址、经过重新修整后、已经成了一个公共的科学园。扶余是百济王国(公元前18一公元660)的最后的都城。扶余有一座有特色的国立博物馆、收藏了近7千件百济王国的文物。

● **东海岸地区**：东海岸线自花洋浦至釜山绵延390公里(234英里)崎岖多山、景色迷人。滑雪和其他冬季运动有助于使这一地区成为一年四季的旅游胜地、但最受欢迎的消闲活动则是夏季游泳和秋季登山。这里的海滩可能是韩国最好的海滩、海滩缓慢地伸人浅水、然后进人缓和的海流。雪岳山是金刚山山脉的一部分、据认为是世界上最壮丽的自然景观之一。其他的旅游景点有阿尔卑斯滑雪胜地、温泉和统一观象台。江原道的春川每年8月举办春川木偶艺术节、前来参加木偶艺术节的有来自世界各地的木偶剧团。

● 郁陵岛位于浦项东北268公里(161英里)之处、是东海上拔海而起的一座死火山、独岛是韩国最东端、位于郁陵岛东南92公里(55英里)。

○ 西南地区：这一地区包括全罗北道和全罗南道、山区较少、有大片的稻田。全州以拌饭和韩纸出名。德裕山国立公元可以俯瞰30公里长、景色秀美的茂朱九千洞溪谷。溪谷中的滑雪胜地是韩国最大滑雪场。全罗南道的光州位于汉城南面、乘汽车或火车4小时可到。光州国立博物馆收藏了从一艘600年前在新安近海失事的中国商船中打捞出来的中国瓷器。光州每2年举行一次光州博览会提供各国文化交流的机会。位于光州以北22公里之处的潭阳是竹子种植和竹工艺的中心。潭阳竹于博物馆是世界上第一家专门的竹制手工艺品博物馆。

○ 在距汉城350公里之外的珍岛上、游客可以看到韩国式的摩西的奇迹。珍岛岸边的桧洞里与附近茅岛之间的海水真能分开近1小时之久、露出一条长2.8公里、宽40米的陆路。这里的海水每勾回同年分开2次、第一次发生于5月初、第二次发生于7月中旬。珍岛还以产珍岛犬而闻名。珍岛犬是韩国本地的犬种、已被韩国政府定为第53号天然纪念物。

○ 东南地区庆州作为古代新罗王国（公元前57—公元935）的首都已有千年之久。庆州周围散布着王室的陵墓、有经风雨侵蚀的石塔和佛教浮雕的寺院遗址、以及城堡的残垣断壁。圆丘状的王室陵墓中出土了很多珍贵的古文物、其中包括华丽的金王冠及其他附属用品。古代历史记载、庆州是仿照唐代都城建造的、街道为南北和东西走向、街道交叉互成直角。当时的庆州有居民100万人、城内所有的房屋都是瓦屋顶。庆州两件极品珍宝是建于8世纪的佛国寺和附近的石窟庵。它们代表韩国高度精美的佛教艺术、在东亚受到广泛的赞扬、并于1995年被联合国教科文组织列入世界文化遗产的名单之中。其他重要的历史遗址有：豆文里公园、五陵、瞻星台、金庚信将军墓、以及点缀着许多佛像、宝塔和寺庙遗址的南山。

○ 庆州国立博物馆收藏着在庆州极其附近发现的古代珍宝。位于庆州东郊的普门湖游乐区是一个综合性的游览区、有好几家一流的饭店和各种游乐设施。海印寺以收藏雕刻于13世纪的8万余块用于印刷《高丽大藏经》(东亚最全的佛经汇编)的木刻版而著名。《高丽大藏经》的木刻版已被联合国教科文组织列入世界文化遗产的名单之中。在庆州这座历史名城附近是正在发展中的工业城市浦项和蔚山。浦项是浦项钢铁公司的所在地、蔚山则是韩国主要集团公司之一的现代公司的总部。釜山是韩国的主要港口、也是韩国的第二大城市。釜山鲜鱼市场位于码头附近。鱼贩子讨价还价争论不休成了一大清早具有特色的一个景观、吸引着许多游客。

● **济州岛和南海岸地区**：济州岛是韩国唯一建道的岛屿、游客自汉城乘飞机约一小时可到、但济州岛具有完全不同的特点。济州岛属亚热带气候、其植物和自然景观同大陆明显不同。岛上主要的山岳为海拔1,950的汉拿山。汉拿山是一座有巨大的火山口的死火山。汉拿山最近的一次火山喷发是在1007年、因从火山上流下的熔融的玄武岩迅速冷却造成了许多岩洞、岩柱和其他千奇百怪的岩石。其他的旅游点为济州民间手工艺博物馆、自然历史博物馆、中文休养胜地和天池渊瀑布。济州岛是受欢迎的旅游胜地、也是新婚夫妇爱度蜜月之处。

● 韩国南部沿海各地区在韩国的游客中早已闻名、但是直至1973年湖南高速公路和南海高速公路建成之后、南部沿海这几条风景秀丽的旅游线路才畅通无阻。镇海、统营、晋州和南海周围各地是来这个旅游胜地的人首先应去的地方。韩半岛的南部有一条凹凸的海岸线、形成了许多不规则的海湾、小港和400多个沿海岛屿。釜山和丽水之间除了有高速公路和铁路相连外、还可乘水翼船往返。水翼船沿途停·松浦、忠武、三千浦和南海。游客可在汉城通过旅行社预订车船票和饭店房间。

摘自　www.hanguo.org

○ www.cn.cybertournet.com　　cyber tour net

○ www.visitseoul.net　　seoul culturul & tourism

○ chinese.tour2korea.com　　韩国观光公社

○ www.hanguo.org　　韩国之窗

○ www.2002worldcupkorea.org　　2002世界杯足球赛

○ www.korea.net　　韩国网

○ www.1stopkorea.com　　1stopkorea

○ www.whatsonkorea.com　　what's on korea

○ www.southcn.com/travel/travelzhuanti/hanguomeishi/

default.htm　　韩国美食

○ trip.263.net/overseas/yazhou/korean　　韩国

○ china.koreantutor.com　　韩国语教学网

○ www.18-40.com　　韩国留学在线

○ www.helptrip.com.cn/onnet/korea/korea.jsp

韩国易行旅游网

○ www.china-traveller.com/countries/Korea　　韩国简介

○ go.to/ginkorea　　韩国旅游指南

○ www.koreanair.com　　大韩航空

○ www.flyasiana.com　　韩亚航空

(1) 贯铁洞绸缎店群

- 销魔商品：绸料
- 地址：汉城钟路区贯铁洞16-10
- 电话：82-2-733-2324
- 营业时间：08：30～19：30（每月第一、第三周日休息）
- 交通：地铁1号线钟阁站（第1号出口）即达。

(2) 乐园洞饼糕店群

- 销魔商品：饼桀类
- 地址：汉城钟路区乐园洞
- 电话：82-2-732-5579
- 营业时间：07：30～22：30（全年无休）
- 交通：地铁1号线钟阁站下车（第3号出口）即达。

(3) 礼智洞珠宝店群

- 销魔商品： 珠宝类
- 地址：汉城钟路区礼智洞39-149
- 电话：82-2-2278-4375
- 营业时间：09：30～19：30（第一、三周日休息）

- 交通：地铁1号线钟路3街站下车即达

（4）龙山电子产品店群
- 销魔商品：电子产品
- 地址：汉城龙山区汉江路2街15
- 电话：82-2-703-007
- 营业时间：10：00～20：00（第一、三周日休息）
- 交通：地铁4号线新龙山站（第5号出口）下车即达。

（5）长汉坪古董商店街
- 销售商品：陶瓷、工艺品、嵌贝柒器或古书画等古董。
- 地址：汉城市东大门区踏十里洞
- 交通：地铁5号线踏十里站

（6）梨泰院观光特区
- 地址：汉城龙山区梨泰院洞
- 电话：82-2-797-7319
- 交通：在地铁4号线三角地站下车后、换乘出租车（需5分钟）即达。

（7）南大门市场
- 地址：汉城中区南仓洞1

• 电话：82-2-753-2805、753-1073
• 交通：在地铁4号线会贤站下车(第5号出口)后、徒
　　　步5分钟即达

(8) 东大门市场

• 地址：汉城钟路区钟路6街
• 电话：82-2-2265-2431
• 网址：http://www.dongdaemun.co.kr
　　　(中、英文)
• 交通：在地铁1、4号线东大门站下车或在地铁2、
　　　4、5号线东大门运动场站下车即达。

(9) 仁寺洞

• 销售商品：古玩
• 地址：汉城钟路区仁寺洞
• 电话：82-2-732-2240
• 营业时间：10：00～19：00(周日休息)
• 交通：在地铁1、3、5号线钟路3街站下车或在地铁
　　　3号线安国站下车即达

(10) 黄鹤洞跳蚤市场

• 销售商品：古玩
• 地址：汉城中区黄鹤洞

· 电话：82-2-488-0411

· 营业时间：08：00～18：30（全年无休）

· 交通：地铁2、6号线新堂站下车即达。

(11) 京东药材市场

· 销售商品：韩药材

· 地址：汉城东大门区祭基洞、龙头洞

· 电话：82-2-969-4793

· 营业时间：09：00～18：30

（第一、第三周日休息）

· 交通：在地铁1号线祭基洞站下车（第2号出口）后、

徒步5分钟即达。

摘自 www.visitseoul.net

● 한국어 및 회화

	교 재 명	구성	정 가	재고 · 주문
1	Speaking Korean (4 · 6판)(영어)	B	13,000	
2	Speaking Korean (포켓판)(영어)	B	7,000	
3	한국어 4주간 (일본인을 위한)	B	12,000	
4	활용 한국어 회화 (일본인을 위한)	B	4,500	
5	실용 한국어 회화 (일본인을 위한)	B	8,000	
6	한국어 왕래 (일본인을 위한)	B	15,000	
7	Hunting Korean(러시아인을 위한)	B	15,000	
8	Hunting Korean(러시아인을 위한)	B+T	20.000	
9	러시아인을 위한 한국어 회화	B	8,000	
10	러시아인을 위한 한국어 회화	B+T	16,000	
11	브라질 · 포르투갈인을 위한 한국어 회화	B	8,000	
12	브라질 · 포르투갈인을 위한 한국어 회화	B+T	11.000	
13	스페인을 위한 한국어 회화	B	12,000	
14	프랑스인을 위한 한국어 회화	B	13,000	
15	독일인을 위한 한국어 회화	B	12,000	
16	중국인을 위한 한국어 회화	B	7,000	
17	베트남인을 위한 한국어 회화	B		〈근간〉
18	몽골인을 위한 한국어 회화	B		〈근간〉
19	태국인을 위한 한국어 회화	B		〈근간〉

● 사전

	교 재 명	구성	정 가	재고 · 주문
1	한러 사전 (러시아어)	B	17,000	
2	러한 사전 (러시아어)	B	10,000	
3	러한 · 한러 합본사전 (러시아어)	B	28,000	
4	학습 노한 사전 (러시아어)	B	28,000	
5	노노 대사전 (러시아어)	B		〈근간〉
6	약어로 익히는 러시아어 사전 (러시아어)	B	20,000	
7	한이 사전 (이탈리아어)	B	20,000	
8	최보선의 한 · 이 사전(이탈리아어)	B	30,000	
9	서한사전 (스페인어)	B	27,000	
10	서한 · 한서 합본 사전 (스페인어)	B	25,000	
11	스페인 – 한국어 입문 사전 (스페인어)	B		〈근간〉
12	독한 입문 사전 (독일어)	B	12,000	
13	한 · 인니 사전 (인도네시아어)	B	35,000	
14	한 · 베트 사전 (한국어 · 베트남어)	B	28,000	
15	한자 요결 사전	B	10,000	
16	노 · 영 · 한 사전 (러시아어)	B		〈근간〉